GÜTERSLOHER
VERLAGSHAUS

JEHUDA BACON   MANFRED LÜTZ

»Solange wir leben, müssen wir uns entscheiden.«

Leben nach Auschwitz

Gütersloher Verlagshaus

Inhaltsverzeichnis

Vorwort 7

1 »Von wo kommt das Böse?« 15

2 »Meine Bilder haben mich gerettet!« 29

3 »Ich hatte noch kein Gespür dafür, dass Antisemitisches schmerzhaft ist.« 39

4 »Dum spiro, spero – solange ich atme, hoffe ich.« 49

5 »In jedem Menschen ist dieser göttliche Funke, auch in einem solchen Verbrecher.« 65

6 »In Grenzsituationen bleibt
nur die Herzensbildung übrig.« 85

7 »Die größte Versuchung
meines Lebens.« 105

8 »Denn ich wollte nicht, dass es
den Nazis gelingt, aus mir einen
kleinen Nazi zu machen, einen
Menschen, der voller Hass ist.« 121

9 »Jeder Künstler und jeder
Mensch betet, wenn er etwas
von ganzem Herzen macht.« 143

10 »Lebe dafür, solange du
kannst, bei den anderen noch
ein Lächeln zustande zu bringen.« 163

Biographische Notizen
zu Jehuda Bacon 188

Vorwort

Jehuda Bacon bekommt feuchte Augen. Nicht etwa als er über die Hölle von Auschwitz berichtet, da legt er nüchtern Zeugnis ab vom unvorstellbaren Grauen dieses Ortes. Aber als er von den Menschen erzählt, die ihm den Glauben an die Menschheit wiedergegeben haben, da spürt man eine tiefe Rührung, die umso ergreifender ist, wenn man erfährt, dass Jehuda Bacon jahrelang nicht mehr weinen konnte. Auschwitz hatte seine Tränen versiegen lassen.

Ich hatte noch nie etwas von Jehuda Bacon gehört. Gerade schrieb ich ein Buch, das gegen das Gerede vom angeblich leicht herstellbaren Wohlfühlglück wirkliches Glück gerade in den unvermeidlichen Krisensituationen eines Lebens sucht. Kann man auch im Leid glücklich sein? Es gibt keine leichte Antwort auf diese Frage, vor allem keine theoretische. Da plötzlich sehe ich im Fernsehen Jehuda Bacon, einen kleinen freundlichen weißhaarigen Mann mit ungemein lebendigen Augen, und was er sagt ist ein Ereignis. Man könne auch im Leiden einen Sinn erleben, und zwar, wenn man so tief erschüttert sei, dass man erlebe, dass jeder Mensch so ist wie man selbst. Liebe erleben und Liebe geben, das lasse einen spüren, was der Mensch sei. Und das sagt ein Mann, der das Schlimmste erlebt hat, was Menschen jemals Menschen angetan haben. Mir ging dieser liebenswürdige alte Mann nicht mehr aus dem Kopf.

Der Zufall wollte es, dass ich wenige Monate später mit 50 jungen Leuten nach Israel fuhr. Kurz vor unserem Abflug teilte uns noch eine Mutter mit, sie habe einige Kontakte in Israel, wenn wir interessiert seien. Als Beispiel nannte sie nur einen Namen: Jehuda Bacon. Sofort war ich elektrisiert. Nie hätte ich gedacht, dass ich tatsächlich Jehuda Bacon persönlich kennenlernen würde. Tagsüber waren wir in Yad Vashem, der Holocaustgedenkstätte, und abends holte ich Jehuda Bacon mit dem Taxi ab. Ich war ziemlich aufgeregt. Doch vom ersten Moment an beruhigte er mich, indem er von einer unmittelbaren Freundlichkeit war, völlig unkompliziert, sofort ganz zugewandt und von einer geradezu anmutigen Bescheidenheit und einer heiteren Demut. So einen Menschen hatte ich noch nie erlebt.

Der Tag in Yad Vashem hatte uns alle aufgewühlt. Da war niemand, der nicht erschüttert war. Doch im Taxi redete Jehuda Bacon nicht von Auschwitz oder von sich, er erzählte mir von Premysl Pitter, einem Mann, der ihn nach dem Krieg in ein Waisenhaus aufgenommen hatte und der all die Kinder dort, Juden und Hitlerjungen, mit so viel Liebe umsorgt habe, dass sie wieder Zuversicht schöpften. Schon hatte ich Sorge, dass er von Auschwitz gar nichts erzählen wollte ...

Ich wusste viel zu wenig von Jehuda Bacon. Künstler war er geworden, Kunstprofessor sogar. Seine Bilder hängen in großen Galerien auf der ganzen Welt und sie haben keineswegs alle mit Auschwitz zu tun. Doch richtig angefangen zu malen hatte er im KZ, in Theresienstadt und dann in Auschwitz, und seine Bilder aus dem KZ waren so eindrücklich, dass sie im Eichmann-Prozess in Jerusalem und im Auschwitz-Prozess in Frankfurt als Beweismittel gewertet wurden. In Yad Vashem hängen Bilder von ihm. In den Rauch, der aus den Krematorien aufsteigt, hat er das Bild seines Vaters gezeichnet, der von ihm weggerissen und in die Gaskammer getrieben wurde. Und ein anderes Bild hat man in Yad Vashem auf eine große Wand projiziert: Da zieht ein Mensch einen anderen aus dem Dunkel ins Licht. Und dieser Mensch war niemand anderes als Premysl Pitter, von dem er mir im Taxi erzählt hatte.

Höflich und fast mit Ehrfurcht empfingen die jungen Leute Jehuda Bacon. Und was dann passierte, war höchst merkwürdig. Wir hatten eigentlich einen Gesprächsabend geplant, aber als Jehuda Bacon begann zu erzählen, waren alle so gebannt, dass niemand auf den Gedanken kam, noch Fragen zu stellen. Er begann nicht mit Auschwitz, er begann mit Premysl Pitter und mit den Menschen, die ihn wieder ins menschliche Leben zurückholten. Damit war ein existentielles Fundament gelegt, ein sicherer Ort, von dem aus er uns dann durch sein Leben führte. Er schenkte uns nichts. Wie ein liebevoller Vater nahm er uns bei der Hand und zeigte uns, wozu Menschen fähig sind, im Guten wie im Bösen. Nie war seine Erzählung routiniert, obwohl er sicher schon viele Male über sein Schicksal berichtet hatte, er begegnete uns auf höchst intensive Weise sehr persönlich, dennoch nie belehrend, sondern auf Augenhöhe von Mensch zu Mensch.

Es gibt nicht *den* Auschwitzüberlebenden. Wer die vielen Berichte liest, der findet da alle denkbaren Temperamente und Reaktionen. Da gibt es natürlich die Verbitterten, denen Auschwitz endgültig das Licht aus dem Leben gelöscht hat, die tief Enttäuschten oder die Hasserfüllten, die nie mehr nach

Deutschland fahren wollten, die nie mehr einem Deutschen die Hand geben wollten, aber auch diejenigen, die sich nichts anmerken ließen, und schließlich die Versöhnten. Doch diese Tiefe, diese Fürsorge für die Hörer, diese hohe Sensibilität, die ich bei Jehuda Bacon erlebte, das war etwas ganz Besonderes. Vielleicht lag es daran, dass er Künstler ist, oder dass er so eindrucksvollen Menschen begegnet ist oder auch dass er so gerne und mit Begeisterung Lehrer an der Jerusalemer Bezalel-Akademie gewesen ist. Jedenfalls war sofort klar, dass wir hier etwas ganz Kostbares erlebten, was wir nie vergessen würden.

Bei der Rückfahrt im Taxi fragte ich ihn, ob es denn ein ausführlicheres Buch über sein Leben auf Deutsch gebe. Nein, meinte er fröhlich. Und als ich ihn fragte, ob er denn zu einem Gesprächsbuch bereit wäre, sagte er sofort zu. Am nächsten Tag besprach ich mit meinem Verlag den Vertrag und im Januar 2016 flog ich mit meiner Tochter Antonia, die die Ton- und Filmaufnahmen machte, nach Jerusalem, um das Projekt umzusetzen. Vier Tage trafen wir uns in der Nähe seiner Wohnung im Leo-Baeck-Institut und redeten insgesamt über 14 Stunden miteinander. Er kam immer alleine zu Fuß, er wollte nicht abgeholt werden, und er grüßte uns schon fröhlich am Fenster, bevor er das Haus betrat. Am letzten Tag führte er uns noch durch Yad Vashem. Bei den Gesprächen hatte er ein unglaubliches Durchhaltevermögen. Immer wieder machte ich den Vorschlag, eine Pause einzulegen. Aber er meinte fröhlich, das sei nicht nötig, wenn ich aber eine Pause bräuchte, sei das kein Problem. So sprach er höchst lebendig, gestenreich und anschaulich vier bis fünf Stunden lang ohne Pause. Bei Fragen reagierte er nie ungeduldig, überhaupt war er von einer berührenden Herzlichkeit und Höflichkeit, dennoch nie förmlich und immer voller Witz und Humor. Nicht dass er den Ernst von Auschwitz überspielte, im Gegenteil: Dadurch dass er so rückhaltlos offen war, berührte mich das Grauen, das dieser so liebenswürdige Mensch, der da vor mir saß, erleiden musste, noch viel tiefer.

Ich habe viel über den Holocaust und über Auschwitz gelesen, ich habe alles recherchiert, was ich über das Leben von Jehuda Bacon finden konnte, aber die persönliche Begegnung mit ihm war wirklich etwas Einzigartiges. Ich hoffe, dass das in diesem Buch auch dem Leser spürbar wird.

Und dann passierte noch etwas Merkwürdiges. Wir hatten die Gespräche aufgenommen und dann abschreiben lassen. Doch das Ergebnis war irritierend. Viele Sätze waren fragmentiert und bei der Lektüre nur schwer verständlich. Schon kam der Gedanke auf, diese Texte zu paraphrasieren. Als ich mich dann aber gründlich mit der Abschrift befasste, stellte ich etwas Erstaunliches fest: Man musste die Fragmente nur richtig zusammensetzen und schon zeigte sich ein lebendiger, berührender und manchmal sogar poetischer Text. Das Ergebnis dieser Restaurationsarbeit ist so sehr dem authentischen Text von Jehuda Bacon verpflichtet, dass wir, wenn es verständlich blieb, auch seine sprachlichen Eigenheiten beibehalten haben, den liebenswürdigen böhmisch-jiddischen Tonfall, vor allem aber immer wieder das Oszillieren zwischen Präsens und Vergangenheit. Denn man konnte geradezu sehen, wie ihm die schmerzlichen und ergreifenden Ereignisse der Vergangenheit beim Erzählen immer wieder fast sichtbare Gegenwart wurden.

Dieses Buch ist kein Buch über Auschwitz, da gibt es schon viele eindrucksvolle Berichte. Dieses Buch bringt die Weisheit eines Menschen zur Sprache, der Entsetzliches erlebt hat, aber darunter nicht zerbrochen ist. Bevor einer seiner Lehrer nach Auschwitz deportiert wurde, erzählte er seinen Schülern davon, dass es in jedem Menschen einen unauslöschlichen Funken gebe. An diesen Funken erinnerte er sich, als er selbst nach Auschwitz kam. Und diesen Funken hat er in seinem Leben durch seine ganze Existenz zum Leuchten gebracht.

Seit ich Jehuda Bacon begegnet bin, lebe ich anders, mein Leben ist ein bisschen heller geworden. Nicht dass ich mich nicht mehr über mich oder andere ärgere. Aber ich muss manchmal über all den alltäglichen Kleinkram lachen, der einen gefangen nimmt. Und dann geht es mir besser. Vor allem aber habe ich in kurzer Zeit unglaublich viel über die Menschen und das Leben gelernt. Dass auch viele andere Menschen diese Erfahrung machen können, dafür gibt es jetzt dieses Buch.

Ich danke Jens Oertel, dem Vertrauten Jehuda Bacons, dass er dieses Buch gefördert hat. Vor allem aber danke ich Jehuda Bacon für seine Zeit, seine Zuneigung und sein Zeugnis.

Bornheim, den 07.07.2016

Dr. Manfred Lütz

1

»Von wo kommt das Böse?«

Manfred Lütz: *Jehuda Bacon, Sie haben Auschwitz erlebt, überlebt. Was hat das in Ihnen ausgelöst?*

Jehuda Bacon: Vor allem die Frage: Von wo kommt das Böse? Auschwitz war für mich fast die Verkörperung des Bösen, des Unmenschlichen. Das war eine ganz andere Dimension, die für ein so genanntes Normalleben eigentlich unfassbar war. Wie kann so etwas passieren? Wie kann man so werden? Dieses Thema hat mich nach dem Krieg am meisten interessiert. Und weil ich kein Philosoph bin, sondern Künstler, habe ich versucht, das als Künstler intuitiv zu erfassen. Ich dachte, dass jemand, der überlebt hat, das weitererzählen muss. Ich wollte für all die anderen jüdischen Kinder erzählen, was die Seele eines jüdischen Kindes erlebt hat, und hatte dabei den naiven kindlichen Glauben, wenn ich das erzähle, werden die Menschen besser. Aber die Menschen wurden nicht besser. Und das mit dem Erzählen war nach dem Krieg auch sehr schwierig. Viele konnten meine Erzählungen nicht ertragen und ich wusste auch nicht, was man erzählen kann und was nicht.

Sie haben Schreckliches erlebt, dennoch wirken Sie so gar nicht verbittert ...

Das war mein Geschenk von oben. Nach dem Krieg begegnete ich wunderbaren Menschen, deren Einfluss bis heute reicht. Diese Menschen haben mir das Vertrauen in die Menschen wieder zurückgegeben. Und das war auch sehr nötig. Denn meine Freunde und ich konnten nach all dem, was wir erlebt hatten, niemandem mehr Glauben schenken. Warum sollte uns jemand etwas Wahres sagen oder etwas Gutes tun? Denn die meisten Menschen, die wir getroffen hatten, waren nicht so angenehme Menschen gewesen, wenn nicht gar geradezu böse.

Wen meinen Sie mit diesen wunderbaren Menschen?

Da war zum Beispiel ein Mann, der vor dem Krieg Waisenhäuser geleitet hatte und schon vor Ende des Krieges darüber nachdachte, wie er dann, wenn seine Kinder wieder zurückkämen, sie sofort behüten und ihnen die beste Pflege geben könnte. Leider kamen diese Kinder nicht zurück, aber es kamen andere. Und als ihm das Sozialministerium sofort nach dem Krieg einige Schlösser prominenter Deutscher übergab, da verwandelte er sie in Kinderheime. Der

Mann hieß Premysl Pitter und er war ein Mensch, der uns nicht durch Predigen und viel Reden, sondern durch seine Güte und Liebe gewonnen hat. Ich wusste damals noch nicht, was das bedeutet, aber heute muss ich sagen, er war charismatisch. Alle Kinder, die ihm begegneten und ihn erlebten, können ihn bis heute nicht vergessen. Das Eigenartige war, dass er nichts von uns wollte, sondern uns einfach nur seine Liebe gab, sich mit seiner ganzen Persönlichkeit dahingab. Plötzlich sahen wir, da ist jemand, der nichts will, aber alles gibt, hauptsächlich die Liebe, der wir in Auschwitz und überhaupt im Krieg nicht mehr begegnet waren. Da ist ein Mensch, der sich nur dieser Jugend, diesen Kindern widmet.

Was waren das für Kinder?

Nicht nur jüdische Kinder, sondern auch Kinder der ehemaligen Hitlerjugend. Er war vom Außenministerium beauftragt, sich auch um Kinder in den Lagern zu kümmern, in denen die Sudetendeutschen vor der Vertreibung eingesperrt waren. Und so ging er in die Lager, brachte die schlimmsten Fälle von Müttern mit kleinen Kindern heraus und gab ihnen dieselbe Pflege wie uns. In jener Zeit war das ein Wunder. Es gab damals sofort nach dem Krieg noch einen ungeheuren Hass gegen alle Deutschen. In Prag war es lebensgefährlich, deutsch zu reden. Deutsche wurden geschlagen oder es geschah ihnen Schlimmeres. Und da kam so ein Pitter, geht in so ein Lager, wo jetzt die Deutschen sind, nimmt die schlimmsten Fälle heraus und verlangt auch für sie, wie für alle anderen Kinder, besseres Essen und bessere Kleidung.

Ist Ihnen aus dieser ersten Zeit bei Premysl Pitter etwas genauer in Erinnerung geblieben?

Da gab es so ein kleines Mädchen. Damals bat ich jeden: Sitz, ich will dich zeichnen! Ich wollte einfach jeden als Modell benützen. Sehr egoistisch! Und als ich vor ein paar Jahren in Prag eine Ausstellung hatte, sah ich da noch alte Zeichnungen von mir, und plötzlich sehe ich das Bild dieses Mädchens mit Flaschenlocken und darunter hatte ich ein paar Zeilen geschrieben: Das Kind konnte man noch retten. Die Mutter hatte sich die Adern aufgeschnitten und dem Kind auch, weil sie die schreckliche Situation nicht mehr aushalten konnte. Und dieses deutsche Kind war auch zu uns gekommen. Pitter nahm auch jüdische Kinder aus Polen auf, denn da hatte es sofort nach dem Krieg kleine Pogrome gegeben. Jüdische Kinder, die aus den KZs in ihre Orte zurückgekehrt waren und sagten, das war mein Haus, da lebte ich, wurden einfach umgebracht. Pitter war ein wunderbarer Mann, der wirklich für alle sorgte.

Im Krieg, als noch Juden in Prag lebten, gab es da selbstverständlich auch Mütter mit kleinen Babys, aber die durften keine Milch bekommen. Was machte Pitter? Er sammelte Milch von tschechischen Familien und brachte sie in jüdische Familien mit Säuglingen. Er wurde angezeigt und zum Chef der Gestapo vorgeladen. Das bedeutete normalerweise den Tod oder die Deportation ins KZ. Er war darauf vorbereitet. Und was passierte jetzt? Der Chef der Gestapo fragte ihn: »Ist das wahr, das mit den jüdischen Kindern? Ja wissen Sie denn nicht, dass das verboten ist!« Und da sagte er: »Selbstverständlich wusste ich das.« – »Aber warum haben Sie es dann getan?« – »Das war meine menschliche Pflicht!« – So eine Antwort hatte dieser Gestapochef vorher noch von niemandem gehört. Und sein Auftreten wirkte auch diesem nicht so angenehmen Herrn von der Gestapo gegenüber so überwältigend, dass er diese Anzeige nahm, sie in den Papierkorb warf und sagte: »Gehen Sie!« Und nicht nur das, er schützte ihn den ganzen Krieg über. Pitter predigte nicht gegen den Faschismus ...

Er war Prediger der böhmischen Brüder ...

Ja, zwar kein organisierter, aber er lebte in diesem Geist. Und er wirkte auch so und das war das Wichtigste. Bei Premysl Pitter konnten wir erleben, dass es Menschen gibt, die einem voll Güte nur helfen wollen, ohne zu erwarten, irgendetwas zurückzubekommen. Er zeigte uns die Möglichkeit der Liebe, der Menschlichkeit. Und so war er für uns die Verkörperung der Möglichkeit: Nicht alle sind böse. Das war eine große neue Erfahrung. Das heißt, wir konnten diesem Menschen glauben, wo wir doch die Erfahrung gemacht hatten, dass es gefährlich ist, jemandem zu glauben. Der konnte ja ein Verräter sein oder mich schlagen. Und hier ist ein Mann, der mit seinem guten Einfluss so auf uns wirkte, dass er uns dadurch zeigte: Es gibt auch andere Menschen. Premysl Pitter hat mir den Glauben an die Menschheit zurückgegeben. Er hatte ein großes Charisma und alle seine Mitarbeiter waren getragen von diesem Geist. Dank der wunderbaren Menschen, die wir um uns hatten, gab es auch nie Rachegefühle zwischen deutschen und jüdischen Kindern, wir wollten sie niemals verprügeln, weil sofort eine andere Atmosphäre da war.

Können Sie sich noch an ein typisches Erlebnis mit Premysl Pitter erinnern?

Ja! Stellen Sie sich vor, wir sitzen das erste Mal in einem Saal in dem Schloss und nehmen das Mittagessen ein und es ist ja Sitte, dass man ohne Kopfbedeckung bei Tisch sitzt. Nur ein Junge lässt seine Mütze auf dem Kopf. Und da kommt Pitter herein und denkt, das ist so ein Lausbub, der kennt die Sitten nicht, und nimmt ihm die Mütze vom Kopf. Doch da sagt ihm ein jüdischer Mitarbeiter, das sei kein Lausbub, sondern der Sohn eines Rabbiners und da ist es Sitte, immer die Kopfbedeckung aufzubehalten. Sofort gab ihm Pitter die Mütze zurück und entschuldigte sich. 25 Jahre später hatten wir ehemaligen Kinder, wir waren ja arm, ein paar Groschen zusammengespart und Pitter nach Jerusalem eingeladen, wo er eine Medaille von der israelischen Regierung bekam. Und da passiert etwas. Als Pitter zu uns ehemaligen Kindern hereinkommt, und es ist ja viele Jahre später, sieht er Wolfi, den Rabbiner-Sohn, und fragt: »Bist du der Wolfgang?« Der sagt: »Ja.« Und da sagt er: »Kannst du mir verzeihen, was ich dir damals angetan hab?« (Jehuda Bacon kommen die Tränen.) Es quälte ihn also der Gedanke, dass er jemanden Unschuldigen beschuldigte.

Ich weiß, dass Sie dem Religionsphilosophen Martin Buber begegnet sind und dass er Sie sehr inspiriert hat. Mich hat Martin Buber deswegen besonders beeindruckt, weil er sehr tief über den Menschen nachgedacht hat, über das dialogische Prinzip, die existenzielle Begegnung zwischen Menschen. Wann haben Sie ihn zum ersten Mal getroffen?

Das war ein Vortrag kurz nach dem Krieg. Bis dahin kannte ich nur einige Bücher von ihm. Wie schon gesagt, wollte ich wissen, woher das Böse kommt, und genau über dieses Problem ging es in dem Vortrag. Er erzählte, er bekomme aus der ganzen Welt Briefe mit der Frage: Wieso können Sie noch sagen: Gelobt sei Gott, denn seine Güte und Ehre währt ewig. Wo war die Güte, wo war die Ehre in Auschwitz? Und Buber antwortete: Trotz allem ist es möglich! Und ich sah, dieses Paradox des Glaubens, das ich schon als Kind und als Halbwüchsiger gespürt hatte, das ist die Antwort. Deswegen fühlte ich mich ihm sehr nahe. Ich bin zwar kein Schriftsteller wie er, sondern Künstler. Aber er war auch Künstler, hatte diese Intuition, und da spürte ich etwas Gemeinsames.

Haben Sie ihn auch persönlich kennengelernt?

Ja. Er gab einen Abendkurs über die Psalmen. Das interessierte mich sehr. Ich hatte natürlich auch schon die Psalmen gelesen, aber so wie jemand, der noch keine Ahnung hat. Und jetzt erlebe ich plötzlich, wie Martin Buber da einen Satz zwei Wochen lang behandelt. Aber was kann man da sagen? Man kann da sehr viel sagen! In einem Satz eines Psalms konnte er mir Welten eröffnen. Der ganze Vortrag ging über die Hiobfrage und das interessierte mich am meisten, denn das ist die Kernfrage: Warum leidet der Gute und dem Bösen geht es gut?

Und was hat Buber dazu gesagt?

Es gibt eigentlich nicht gut und böse, das ist bloß so eine menschliche Entwicklung. Existenz hat nur das Gute und das Gute ist der Weg in die Nähe Gottes. Und das zeigte Martin Buber durch die Psalmen, besonders durch den berühmten Psalm 73 ...

... aus dem Martin Buber seinen Grabspruch wählte ...

Ja. Der Psalm 73 beschreibt den Kampf eines Menschen, der sich wie Hiob beklagt: Warum? Warum?

Am Anfang sieht auch er Gute und Böse, doch nach einer, heute würde ich sagen, fast mystischen Erfahrung, sieht er nicht mehr nur Gute und Böse, sondern Menschen, die sich Gott nähern, die ihm nahe sein wollen oder die ihm nahe sind, und die anderen, die Bösen, die richtig Bösen, die zwar von Gott wissen, aber Nein sagen, die auf ihrem Ego, ihrem Ich bestehen, die immer sagen: ich, ich geh' meinen eigenen Weg. Und dieser Weg führt eigentlich ins Nichts. Dieses Denken Bubers hat mir sehr geholfen, denn ich spürte da eine unerhörte Nähe. Buber sieht das Böse nicht als das Gegenteil des Guten, sondern er beschreibt es ganz anders. Der Mensch kann den Weg zu Gott wählen oder er kann sagen: Nein, ich gehe meinen Weg. Diese Deutung hat einen ungeheuren Einfluss auf mich gehabt und ich sah, da ist etwas Mystisches, denn der Psalmist des 73. Psalms erklärt ja am Anfang, er könne die Sache mit Gut und Böse nicht verstehen, aber zuletzt sagt er, als er die Nähe Gottes erfuhr – heute würde ich sagen in der Ekstase: »Wen habe ich doch im Himmel und mit dir oh Gott will ich nicht die Erde.« Die Nähe Gottes ist mir gut. Das bedeutet: In der Ekstase verzichtet man auf alles. Die Nähe Gottes, diese Erfahrung, ist das Höchste, was ein Mensch erreichen kann. Das ist schön, aber was dann? Und dann kommt dieses Herrliche, diese letzten Worte des Psalms: »... dass ich verkünde all dein Tun.« Das heißt, nach dieser Erfahrung erkennt er, dass er ein lebendiges Beispiel sein muss. Er ist ein Zeuge Gottes.

Damit sind also Gut und Böse nicht auf derselben Ebene ...

Der Böse ist nicht nur einfach böse, sondern er ist jemand, der sich von Gott entfernt, und diese Entfernung geht ins Nichts. Wie bei Napoleon, der plötzlich merkt, dass alles, was er so erobert hat, letztlich ins Nichts vergeht. Das Leben kann so verführerisch sein, man denkt, ich hab' etwas, ich bin etwas, aber das vergeht.

Was kann man daraus fürs Leben lernen?

Es gibt drei Wege, die schon der Psalm 1 beschreibt: Da ist erstens der Gerechte, der den Weg zu Gott geht und von dem es heißt: Gott kennt den Weg des Gerechten. Es klingt so, als ob Gott mit dem Gerechten einen Dialog führt. Und dann sind da zweitens die Sünder, das sind wir alle. Sünde heißt im Hebräischen aber ganz anders. Es heißt Abweg: Hopp, ich mache diesen Schritt, jenen Fehler, aber bin immer bereit, zurückzugehen zu Gott. Sünde ist keine absolute Sünde, sondern eher ein Entgleisen. Und der dritte Weg, das ist der Weg der Bösen, die von Gott wissen, aber sagen: Nein, ich mach', was ich will!

2

»Meine Bilder
   haben mich
gerettet!«

Das Erlebnis des Bösen in Auschwitz hat dazu geführt, dass Sie nicht mehr weinen konnten ...

Als wir erleben mussten, wie unsere Familien umkamen, da konnten viele meiner Freunde und ich nicht mehr weinen, und das dauerte sehr lange, viele Jahre. Später in Jerusalem dann starb einer meiner Lehrer an der Kunstakademie, der zu jedem Schüler wie ein Vater war. Das hat mich so stark berührt, da konnte ich wieder weinen. Als ich von seinem Begräbnis zurückkam, schrieb ich in mein Tagebuch: Gott sei Dank, ich bin wieder Mensch.

Kommen die Erinnerungen an Auschwitz noch zurück?

In den ersten Jahren gab es bei allen diese Albträume: Diesmal überstehe ich die Selektion nicht. Jetzt träume ich zwar öfters, aber das sind keine Albträume mehr. Allerdings, wenn ich Vorträge halten muss und wenn ich erzähle, nimmt mich das mit, denn dann sehe ich das wieder, nicht haargenau, aber immerhin, ich sehe, dass ich da und da bin ...

Und wie sind Sie damit umgegangen, wenn die Erinnerungen schwer wurden?

Ich hab' gezeichnet, das war meine Lösung. Meine Bilder haben mich gerettet.

Viele, die nicht in Auschwitz waren, haben die Frage gestellt: Wo war Gott in Auschwitz? Sie waren in Auschwitz, haben Sie eine Antwort?

Die Frage, ob Gott existiert oder nicht, ist eine falsche Frage. Martin Buber hat gesagt, das ist eine metaphysische Frage und die kann man nicht mit ja oder nein beantworten. Man kann nicht sagen: Beweis mir Gott. Es ist ein Unsinn zu sagen, Gott existiert oder er existiert nicht. Man kann es erleben, aber man kann es nicht sagen. Es ist sinnlos zu sagen, ich glaube an Gott, so wie ich sage, ich glaube an einen Tisch. Denn den Glauben muss man verwirklichen. Wenn ich sage, ich glaube an den Tisch, dann verändert mich das nicht, ich bin nachher derselbe Mensch. Wenn ich aber aus tiefster Überzeugung sage, ich glaube an Gott, dann ist mein nächster Schritt schon anders. Ewig ergeht an jeden Menschen der uralte biblische Ruf: Mensch, wo bist du? Und den können wir auf zwei Weisen beantworten. Entweder wir sagen: »Da bin ich!« Das heißt: »Ich nehme es auf mich, ohne zu wissen, was man von mir verlangt.« Oder wir sagen: »Bin ich der Hüter meines Bruders?« Also: »Was geht's mich an! Das ist nicht mein Problem.« Buber war der Überzeugung, dass jeder Mensch immer gefragt ist: »Was hast du getan?« und »Was machst du mit deinem Leben?« und dass er im Tiefsten weiß, wozu er berufen ist. Aber man muss sich immer wieder von Zeit zu Zeit fragen. Zu erfahren, was meine Be-Rufung ist, ist eine von den schwersten Sachen im Leben. Weil man sich immer neu fragen muss: »Was mach' ich eigentlich, wo bin ich, wo stehe ich jetzt, was ist meine Pflicht?« Und die Antwort ist das ganze Leben.

Auf die Frage »Wo war Gott in Auschwitz?« hat der katholische Philosoph Robert Spaemann geantwortet: Am Kreuz. Die Christen glauben an einen mitleidenden Gott. Glauben Sie als Jude, dass Gott Mitleid hat?

Das ist für mich eine zu theoretische Frage. Wir wussten, dass wir vernichtet würden, aber ich wusste auch, es gibt etwas, das nicht vernichtet werden kann, das bleiben wird. Bei Buber habe ich gelernt, dass wir zwar in der Zeit leben, aber dass die Zeit eine menschliche Kategorie ist. Für den lieben Gott ist das alles ein ganzes Buch, aber wir Menschen können eben nur von Blatt zu Blatt gehen. Und so wie die Zeit ist auch das Böse eine menschliche Kategorie. Wir erschaffen das Böse mit unserer Doppelzüngigkeit, das Böse beginnt in unserem Herzen. Aber wenn wir tief in unser eigenes Herz hineinschauen, dann wissen wir, was wir eigentlich tun sollen. Solange wir leben, müssen wir uns entscheiden, und wir wissen, dass wir uns für das Gute, für das Göttliche entscheiden sollen. In der Bibel steht das so herrlich beschrieben, dass die Sünde wie ein Dämon ist, der deine Seele haben will. Und deswegen müssen wir immer wachsam sein. Das ist wie bei einem Pingpong-Spiel. In dem Moment, wo wir nicht aktiv genug sind, springt der Dämon in unser leeres Herz. In dem Moment, in dem wir herzlos sind, können wir verführt werden.

Hat sich Ihre religiöse Haltung in Auschwitz und nach Auschwitz geändert?

In Auschwitz war ich ja noch eigentlich ein Kind, ich war gläubig, weil ich in der jüdischen Tradition erzogen wurde, und die Frage nach Gott hatte mich immer schon sehr interessiert. Ich dachte, so ist es eben. Aber wenn man tiefer darüber nachdenkt, dann wird klar, dass Gott nicht, wie Jeschajahu Leibowitz einmal spöttisch gesagt hat, der Direktor einer Versicherungsanstalt ist, der für alles verantwortlich ist, oder welche Bildnisse man sich sonst noch von Gott macht. Gott ist anders und das ist nicht bloß eine Sache des Nachdenkens, man kann das erleben und dann verändert man seine naive Erfahrung. Auschwitz war kein Bruch für mich, Auschwitz war anders, wir wussten, am Ende wird man uns vergasen. Und da spürte ich, es gibt noch etwas Anderes.

Sie haben in Auschwitz nicht gehadert mit Gott wie Hiob?

Natürlich sah ich, dass viele Menschen, die vorher fromme Juden waren, plötzlich in so einer Situation und auch nach dem Krieg vollständig vom Glauben abkamen. Und da kann ich nur sagen, ihr Glaube war nicht tief genug oder richtig genug, wahrscheinlich war es ein Aberglaube, das heißt sie dachten, wenn es mir gut geht, ist Gott da, und wenn es mir nicht gut geht, dann ist er nicht da. Warum soll jemand anders werden, weil er die Grausamkeit von Auschwitz erlebt. Man kann so etwas ja auch erfahren, wenn jemand im normalen Leben zum Beispiel plötzlich seine Mutter durch ein Autounglück oder Krebs verliert und sich fragt: Wie konnte Gott mir das antun? Das ist eine sehr menschliche Frage und das tut weh. Aber wenn jemand tiefer darüber nachdenkt, dann öffnen sich ihm andere Wege und andere Perspektiven. Und solche Erschütterungen gibt es ja bis heute bei allen Menschen.

Was haben Sie denn selbst nach Auschwitz an solchen Erschütterungen erlebt?

Ich war bestürzt, als ich zum ersten Mal in die Universität ging und Vorträge über Chassidismus hörte. Das war alles so trocken und genau. Und ich liebte doch diese Geschichten so. Das ist wie in der Anatomie. Man liebt den ganzen lebendigen Körper und da kommt jemand und zerschneidet den in Stücke Fleisch. Wo ist da dann noch der Mensch? Aber das kann auch positiv sein. Meine Naivität ging irgendwie verloren und ich sah, das ist nur ein süßer lieber Gott für Kinder oder für Erwachsene, die es brauchen. Am Anfang bei der Erziehung ist das ja ganz in Ordnung. Aber der wirklich Gläubige hat das nicht nötig. Dem geht es um einen unmittelbaren Gott. All diese Kopfwege sind sehr menschlich, denn wir haben ja einen Kopf zum Denken, aber andererseits bauen sie auch eine Mauer vor dem unmittelbaren Gott. Das ist wie mit der Kunst. Da gibt es viele Techniken, aber die sind nichts ohne Inspiration. Und das ist dann eine ganz andere Ebene, es ist das Göttliche. Und man kann das erfahren in der Liebe und damit ist man Gott ganz nah. In der Liebe erlebt man, wie sich einem eine ganz neue Welt eröffnet. Natürlich erlebt niemand das 24 Stunden lang, aber man erlebt es hier und da.

Dann war für Ihren Glauben die Erfahrung an der Universität sozusagen erschütternder als die Schrecken von Auschwitz. Wann erlebten Sie dieses »Göttliche« zum ersten Mal?

Als Kind sah ich die Bäume und das Feld vom Wind bewegt und da dachte ich, die beten jetzt. Denn dieses Lebendige, das spricht einen an, so tief, dass man fast erschüttert ist. Das gilt auch von der menschlichen Liebe. Über manch einen sagt man: Wie konnte er diese Hexe heiraten? Aber er hat in dieser Hexe etwas gesehen und gefunden, was niemand anderes gesehen und gefunden hat. Das war sein Fenster zu dieser göttlichen Erfahrung. In der Bibel fragt Moses Gott: Wer bist du? Doch man kann nicht sagen, das ist es, da ist Gott. Und so antwortet Gott: Ich bin, der ich sein werde. Gott zeigt sich, wann und wo und wie und wem er will. Das ist ein phantastischer Satz über Gott. Wenn er sich zeigen will als Geist von Beethoven in einer Familie von Besoffenen, dann wird es da passieren. Und ein Künstler hat die besondere Gnade, jeder Künstler auf seine Weise, dass er in einem Akkord Gott erkennen kann. Plötzlich sind ihm die Augen geöffnet und er sieht, was andere nicht sehen. Er ist immer da. Das heißt, wir, wir sind blind. Seine Gegenwart ist immer da. Aber wir sehen sie nicht immer, auch weil wir sie nicht ertragen könnten. Man kann sich vorbereiten, man kann versuchen, wach zu sein, mehr zu hören, mehr zu verstehen, jeder auf seine Weise. Wir haben ja eine gewisse Macht und wir können sie benutzen für Gutes und Böses. Warum aber sind so wenig gescheite Menschen auch gut? Weil ihr eigener Kopf sie verblendet: »Seht nur, das bin ich. Ich kann jemanden mit zwei Sätzen erledigen.« Es ist eine Ausnahme, wenn man einen sehr gebildeten gescheiten Menschen findet, der auch gut ist.

# 3

»Ich hatte noch
  kein Gespür dafür,
dass Antisemitisches
  schmerzhaft ist.«

Sie haben von den Bäumen und Feldern ihrer Kindheit gesprochen. Sie sind in Mährisch-Ostrau im heutigen Tschechien geboren, aus welcher Landschaft, aus welcher Familie stammen Sie?

Die Landschaft ist sehr wichtig, weil wir sehr beeinflusst von dem sind, was wir sehen. So denke ich als Maler. Wer eingesperrt ist, denkt anders. Und auch wenn wir einen anderen Menschen bloß sehen, ist das schon irgendwie ein Dialog. Ich erinnere mich noch an diese Ruhe, die ich erlebte, als meine Mutter mich auf einem Schlitten durch den Schnee zog, und an die Liebe meines Vaters, wie er mir einen Apfel zurechtschnitt, als ich krank war. Diese Liebe, die man zeigen kann durch einen Apfel, solche Momente haben enormen Eindruck auf mich gemacht.

Kannten Sie noch Ihre Großeltern?

Die Großeltern waren noch ganz traditionelle Juden mit Bart. Und da gibt es eine herrliche Geschichte: Auf unserem Klavier stand eine Gipsfigur von Beethoven und mein Großvater, der noch alle jüdischen Gesetze kannte, bat uns, wir sollten die Figur ein ganz klein bisschen beschädigen. Dahinter stand das Gebot: Du sollst dir keine Götzenbilder machen.

Denn eine beschädigte Figur konnte kein Götzenbild sein.

War Ihre Familie sehr religiös?

Wir sind am Schabbat in die Synagoge gegangen. Mein Vater war Vorbeter. Aber wir waren offen und hatten Kontakt nicht nur mit Juden, sondern mit allen. Das war ganz normal. Mein Vater hatte mit meinem Onkel zusammen eine Lederwarenfabrik.

Woran erinnern Sie sich in Ihrer Kindheit?

Ich liebte meine Eltern sehr. Ich war ein sehr verträumtes Kind und später ein Lausbub, aber als dann der Krieg kam und ich merkte, was los war, wurde ich schnell sehr vernünftig. Dass etwas nicht stimmte, merkte ich 1938. Nach dem Anschluss Österreichs kamen Juden aus Wien auf der Flucht nach Polen durch Mährisch-Ostrau. Und da erzählte mein Vater beim Mittagessen: »Stellt euch vor, da schickte mir die Kultusgemeinde einen Mann, der Geld brauchte, damit er weiterfahren konnte. Ich gab ihm das Geld, und warum erzählt er mir dann noch, dass er noch vor zwei Tagen Direktor einer Bank gewesen ist, alles verloren hat und dann plötzlich mit der Zahnbürste das Straßenpflaster putzen musste?« Für meinen Vater klang das alles so unglaublich, dass jemand in so einer Position jetzt plötzlich Bettler ist, weil es bei uns noch so normal zuging. Das hat sich mir sehr ins Gedächtnis eingeprägt.

Gab es Antisemitismus in Mährisch-Ostrau?

Fast überhaupt nicht. Das begann erst mit der deutschen Besatzung, dass kleine tschechische Kinder, die das im Unterricht vorgesagt bekamen, sagten: »Du bist Jude, du hast Christus gekreuzigt, du bist schuldig.«

Was passierte nach dem deutschen Einmarsch 1939?

Sofort diese Propaganda überall mit großen Plakaten: »Die Juden sind unser Unglück!«, »Juda verrecke!« Und schon am Anfang die Verbote. Wir bemerkten, wie wir mehr und mehr begrenzt wurden. Und dann wurde bei uns die Synagoge angezündet und ich hab' mir das angeschaut, denn das war sehr interessant. Die Feuerwehr spritzte das Wasser nicht auf die Synagoge, sondern nur auf die Häuser ringsum, damit die nicht auch Feuer fingen. Es war surrealistisch zu sehen, wie die Leute ringsum standen und sich das anschauten. Und dann begann die Hitlerjugend mit ihren Trommeln und man sah überall sehr dekorative Hakenkreuzfahnen. Ich war damals 9 Jahre alt und für mich war das alles so interessant. Ich hab' mir auch immer den kleinen Schaukasten mit dem »Stürmer« angeschaut. Ich liebte Karikaturen. Da konnte man eine schreckliche Karikatur sehen, wie ein Jude die Menschen auspresst wie eine Zitrone oder das Blut von Ariern trinkt. Aber für mich waren alle Zeichnungen interessant, ich hatte noch kein Gespür dafür, dass Antisemitisches schmerzhaft ist.

Änderte sich der Kontakt zu den Mitbürgern in Mährisch-Ostrau?

Es gab natürlich Mitläufer, Opportunisten und es gab das offizielle Kontaktverbot zwischen Ariern und Juden. Aber im tagtäglichen Leben blieben die Menschen, die sich kannten, weiter befreundet. Das zeigt sich schon daran, dass viele Juden ihre wertvollen Sachen vor dem Abtransport in Koffern zu reichen tschechischen Freunden brachten – und sie nachher zurückbekamen. Eine tschechische christliche Familie wollte mich nach dem Krieg sogar adoptieren.

Haben Sie Gewalt erlebt?

Wenn wir aus der jüdischen Schule kamen, wartete oft die Hitlerjugend und verprügelte die jüdischen Jungen. Aber mich haben sie zur Seite gestoßen und gesagt: »Was hast du mit diesen Juden zu tun?« Denn ich war blond. Und dann gab es auch Razzien. Mein Vater war damals sehr besorgt, aber er ließ sich beruhigen von einem Gestapomann, der wohl ein früherer Geschäftsfreund war und der ihm sagte: »Ein Dreck wird denen passieren, die kommen bald raus.« Und dann war da eine deutsche Untermieterin, die hatte einen Sohn, der bei der Wehrmacht war. Am Tag der Einnahme von Paris, daran erinnere ich mich genau, kam der an einem Freitagabend, also als wir alle zu Beginn des Schabbat zusammensaßen, zu Besuch, war leicht angetrunken und sagt: »Ihr alle tut mir leid, ihr werdet alle umkommen, aber um dich tut's mir besonders leid«, und zeigt auf mich. Und dann sagt er noch: »Ich bin ein guter Deutscher. Ich brauch' nur ein Wort zu sagen und man schmeißt euch aus der Wohnung und die ganze Wohnung gehört meiner Mutter. Aber ich bin anders.«

Wie war Ihre Bar-Mizwa?

Die war schon in der schlimmen Zeit nach dem Heydrich-Attentat (am 27.5.1942). Da durfte man nicht mit mehr als drei Leuten auf der Straße gehen. Zur Bar-Mizwa braucht man aber eine Gruppe von 10 Menschen und so etwas war für die Gestapo schon wie eine terroristische Gruppe. Also trafen wir uns in einem Waschraum auf dem Hof eines Bekannten. Und ich las meinen Bar-Mizwa-Spruch aus Jeremia 1: »Denn ich bin mit dir, spricht Gott, um dich zu retten.« Als ich eben beim Lesen war, kommt ein Arbeiter mit einem Wagen, um den Müll mitzunehmen, und er schaut hinein in den Raum, wo wir mit 10 Menschen im Gebetsmantel beten. Wir haben schnell zu Ende gebetet und uns sofort voller Angst zerstreut. Aber es geschah nichts. Dieser Bar-Mizwa-Spruch ist mir geblieben und ich habe später eine Radierung über diesen Spruch gemacht, die viele nicht verstehen konnten. Da sieht man eine zerstörte Landschaft, die für die Shoah steht, und einen Schreiber, der mich symbolisiert und der seine Erinnerungen über die Shoah aufschreibt. Und oben sieht man wirklich ganz realistisch die Krematorien von Auschwitz und in dem Rauch den Spruch aus Jeremia: Denn ich bin mit dir, spricht Gott, um dich zu retten. Viele haben gesagt: Aha, da hast du es. Wo war Gott? Das haben die Ungläubigen gedacht. Aber ich hatte es anders gedeutet: Trotz allem! Das heißt, dieser Spruch hat eine Kraft und eine Wahrheit, auch in Auschwitz. Und besonders danach, denn ich habe das ein paar Jahre danach gezeichnet. Das war für mich mein Credo: Trotz allem. Und es gibt auch noch eine andere Zeichnung von mir. Da habe ich auf das Dach des Krematoriums den Spruch vom Ende des Buches Kohelet geschrieben: »Fürchte Gott und halte seine Gebote«. Denn darauf läuft alles noch so gescheite Denken hinaus.

Bevor Sie deportiert wurden, zuerst nach Theresienstadt, dann nach Auschwitz, hat Ihnen und Ihren Mitschülern noch ein Lehrer etwas mit auf den Weg gegeben ...

Dieser Lehrer hieß Jacob Wurzel. Er war Jude und er war ein wunderbarer Lehrer, wir liebten ihn sehr. Am Freitagabend gab es in der Schule immer so ein spirituelles Programm. Und bei dieser Feier sagte er uns zum Abschied, bevor er deportiert wurde: »Kinder, in jedem ist ein Funke Gottes und mit der Zeit wird er zur Flamme und dann werdet ihr ganz von Gott erfüllt sein.« Er sagte, es sei unsere Arbeit, diesen Funken zur Flamme zu bilden, um ihn dann Gott zurückzugeben, und das machte auf uns alle einen ungeheuren Eindruck und sickerte später langsam in uns ein. Wir weinten, denn das war der Abschied eines beliebten Lehrers, und darum ist es mir stark im Gedächtnis geblieben. Auf diese Weise hörte ich zum ersten Mal von den Funken Gottes, einem alten mystischen Gedanken der Kabbala. Jeder Mensch ist ein Gotteswesen. Damals war das eine ganz neue Sache für mich, eine neue Idee, und die war für mich später in Auschwitz sehr wichtig.

Warum kamen Sie erst so spät nach Theresienstadt?

Adolf Eichmann war 1939 nach Mährisch-Ostrau gekommen und hatte dort jüdische Männer rekrutiert, die er nach Nisko in Polen schickte, um dort ein Lager für Juden aufzubauen. Aber der Plan scheiterte. Damals hatte sich die jüdische Gemeinde bei Eichmann beklagt, er zerstöre die ganze Gemeinde, die Männer seien weg. Und da versprach Eichmann: Dafür kommt ihr viel später dran mit den Transporten nach Theresienstadt. Und dieses Wort hat er gehalten. Das hat ihn natürlich nichts gekostet, weil er ja wusste, dass ohnehin alle deportiert werden sollten.

Eichmann war übrigens in Prag Chef eines Zentrums für jüdische Auswanderung gewesen und da mussten ihm zwei Cousins von mir helfen, die gut deutsch und tschechisch konnten. Die meldeten sich am Telefon immer: »Bacon, Gestapo Prag.« Was interessant ist: Beide baten ihn am Ende um die Genehmigung, nach Amerika auszureisen, und er ließ sie raus. Sie wurden dann Professoren für Germanistik. Einer von ihnen lebt mit 100 Jahren jetzt hier in Jerusalem und geht immer noch ohne Stock. Ein echter Cousin!

4

»Dum spiro, spero – solange ich atme, hoffe ich.«

Wann kamen Sie nach Theresienstadt?

Am 18. September 1942. Wir waren schon monatelang auf so etwas vorbereitet, es gab eine große Nervosität. Man spürte die Gefahr, die näher kommt. Man wusste, in der benachbarten Slowakei sitzen sie schon auf gepackten Koffern und warten, bis man sie abtransportiert. Wir durften nur 50 Kilo mitnehmen und mussten das alles in 7-facher Kopie aufschreiben. Und dann gab es noch solche Aktionen der Gestapo: Einmal mussten alle Haustiere abgegeben werden, das andere Mal Radios, Fahrräder und selbstverständlich Autos, das war alles schon verboten. Und dann musste man fürs Winterhilfswerk Sachen abgeben. Angeblich freiwillig. Als ob Frauen ihre Pelze freiwillig abgeben würden!

Gab es nicht den Gedanken, auszuwandern?

Das ging nicht so einfach. Ich weiß noch, da gab es das Gerücht, man könne nach Santo Domingo auswandern, und mein Vater kaufte Tropenhelme und Tropenkleider. Aber dann zerschlug sich auch das. Meine Schwester Rela, wir waren ja zu dritt, war nach Israel ausgewandert und es gab dann eine Möglichkeit auch für mich, aber dann wollte mein

Vater sich nicht von seinem einzigen Sohn trennen. Für meine andere Schwester Hanneh gab es mal eine Möglichkeit, mit einem Kindertransport nach England zu fahren. Man kann sich gar nicht vorstellen, was für schwierige Entscheidungen man damals zu treffen hatte. Ich hatte später eine noch viel schwierigere Entscheidung zu treffen in Auschwitz, nämlich ob ich mit meinem Vater ins Gas gehe. Das war eine schreckliche Entscheidung.

Man kam also nicht mehr aus dem deutschen Machtbereich raus?

Einzelne konnten sich, wenn sie halb arisch waren, verstecken bei arischen Verwandten. Viele haben Selbstmord begangen, vor allem die Intellektuellen, weil die sich schon vorher informiert hatten und wussten, was kommt, zum Beispiel ein Oberlehrer von uns.

Wer kam von Ihrer Familie mit nach Theresienstadt?

Mein Vater, meine Mutter und meine ältere Schwester Hanneh. Später noch zwei Onkels aus Brünn. Der eine hatte eine Frau und ein Baby, die selbstverständlich wegkamen. Er selbst hat es überlebt.

Wie war die Ankunft in Theresienstadt?

Die Ankunft war merkwürdig. Wir fuhren in einem normalen Zug, und als wir in Bohusovice, also vor Theresienstadt, ankamen, um dann zu Fuß weiterzugehen, sahen wir zum ersten Male diese Waggons. Die waren anders, das waren nicht mehr diese normalen Waggons, sondern das waren Viehwaggons mit kleinen mit Stacheldraht vergitterten Fensterchen und wir sahen einige Menschen herausschauen. Also wir kamen an als ganz normale Menschen in einem normalen Zug, zwar etwas gedrängt, aber normal, und was da wegfuhr, das waren solche Viehwaggons, aus denen ganz merkwürdige Menschen herausguckten. Und das war ein Transport von Theresienstadt nach Osten. So etwas hatte ich noch niemals gesehen, das ist mir sehr stark in Erinnerung geblieben, auch jetzt noch nach vielen Jahren. Das kann man nicht vergessen. Als wir dann auf Theresienstadt zuliefen, sah ich von ferne einen großen Haufen Kisten, und als wir näher kamen, sah ich, das waren Särge.

Wo waren Sie dann in Theresienstadt untergebracht?

In einem so genannten Kinderheim. Es gab zwei Gebäude für deutschsprachige Kinder und zwei für tschechischsprachige. Meine Eltern waren separiert, aber sie konnten sich nach der Arbeit sehen und auch ich konnte sie dann sehen. Auch meine Schwester, die schon 20 war, arbeitete. Natürlich konnte ich meine Familie nicht so viel sehen wie vorher und ich wusste nicht, ob sie mehr leiden als ich. Denn ich war ja in diesen Kinderheimen. Wir hatten es viel besser als die Erwachsenen, die arbeiten mussten und viel schlechtere Kost hatten. Wir bekamen nicht viel, aber wir hungerten nicht fürchterlich. Die Juden von Theresienstadt hatten nämlich eine gewisse scheinbare Autonomie. Die bekamen soundso viel Brot für soundso viele Menschen. Das war ganz genau bestimmt. Aber wie man das Brot verteilte, lag in den Händen der Juden. Und der Judenälteste, in diesem Fall Jakob Edelstein, sagte, man solle den alten Menschen eine halbe Scheibe weniger geben und diese halbe Scheibe den Kindern und Jugendlichen geben, denn die seien doch die Hoffnung. Das war eine grausame Entscheidung, aber er wusste, die alten Menschen sterben sowieso bald. Doch nicht alle Kinder konnten in den Kinderheimen leben, sondern nur eine kleine Zahl, die anderen mussten mit Alten und Kranken zusammenleben. Das war ein ganz anderes Leben.

Wie erlebten Sie Theresienstadt am Anfang?

Ich war eben noch ein 13-jähriges Kind. Und so war das für mich erst mal wie Ferien. Schule war zwar für Juden schon verboten gewesen, aber wir hatten illegalen Unterricht gehabt. Und jetzt hatte ich Zeit, mich umzuschauen, und alles war für mich sehr interessant. Plötzlich kommt da ein Transport mit Deutschsprechenden oder aus anderen Ländern mit vielen Fremdsprachen. Und dann sind da für mich komische Blinde mit drei Punkten auf der Armbinde. Das war alles neu für mich, eine neue Welt. Und überall ist es voll mit Menschen, irgendwo winkt jemand, ein Mitschüler, der im vorigen Transport nach Theresienstadt kam. Oder ich schau in den Hof und seh' eine Gruppe von Jugendlichen, die tanzen und warten, bis sie weitergeführt werden nach Osten, und das sind meine Mitschüler und es ist das letzte Mal, dass ich sie sehe. Sie sind lustig und sind sich bestimmt nicht bewusst, wohin man sie weiterschickt. Ich war mir dessen auch nicht bewusst, aber ich sehe sie tanzen wie kleine Kinder, die noch nicht wissen, was sie tun. Und dann später bin ich einer von denen ...

Was war das Besondere an Theresienstadt?

Theresienstadt war kein KZ, sondern ein Musterghetto. Alles war nur berechnet auf den Besuch des Internationalen Komitees des Roten Kreuzes. Es gab ein wunderbares Kulturprogramm, das wurde von der Gestapo unterstützt, weil sie das brauchten als Täuschung und Beruhigung. Es gab gute Schauspieler noch aus Prag, die Vorstellungen gaben. Aber sie sagten nicht, dass das Requiem von Verdi, das da gefilmt wurde, für die Leute, die es gesungen hatten, ihr eigenes Requiem war. Im Ganzen hatten wir es als Kinder besser, aber eben nicht alle. Die in den Kinderheimen konnten Bücher lesen und die, die es überlebt haben, sagten, es war so schön in den Kinderheimen. Wir hatten nicht diese Qual der Erwachsenen, die schrecklichen Bedingungen, das wenige Essen, und jemand sorgte für uns und das ist sehr viel. Wir konnten auch unsere Freizeit besser gestalten, Musik hören, Vorträge und auch Theater spielen.

Da gab es doch die berühmte Aufführung des »Brundibar«...

Ja, das war eine Kinderoper und ich kann sie bis heute auswendig, weil wir sie immer wieder gesungen haben. Es ging um arme Kinder, die für ihre kranke Mutter Milch kaufen wollen, aber der Milchhändler ist ein Bösewicht, der ihnen nur gegen Geld Milch geben will. Da gibt es eine leichte Anspielung auf die schlechten Deutschen. Das sind sehr schöne Melodien. Alle Kinder, auch die im Publikum, kannten diese Melodien auswendig und halfen auch mit. Und das Fürchterliche ist, es gab nur drei oder vier dieser Kinder, die überlebten. Die deutsche Propaganda nutzte diese Aufführungen als Täuschung fürs Rote Kreuz. Da war alles bis zum Letzten durchdacht. Goebbels war sehr gut in solchen Sachen.

War Ihnen als Kind bewusst, dass Sie da für eine Täuschung missbraucht wurden?

Klar. Die Kinder standen in einer Front und man verteilte ihnen Pralinen und Schokolade. Und zu diesem Bösewicht Rahm, dem Kommandanten von Theresienstadt, mussten sie sagen: »Onkel Rahm, wieder Pralinen!« So als ob sie schon die Nase voll davon hätten. Und als sie weggingen, nahm man ihnen selbstverständlich wieder die Pralinen ab. Das war teuflisch gut gemacht. Man putzte das Ghetto auch sorgfältig. Das alles war so gut gemacht, dass das Rote Kreuz nach dem Besuch in Theresienstadt kein KZ mehr besuchen wollte.

Hatten Sie Unterricht in Theresienstadt?

Wir sollten nicht blöd werden und deswegen hatten wir Unterricht, obwohl es natürlich verboten war. Wir hatten da dann immer vorher schon abgesprochen, was wir machen, wenn ein SS-Mann reinkommt, und das funktionierte gut. Wir hatten die besten Lehrer. Ich erinnere mich an einen, der war Assistent von Albert Einstein gewesen in den guten alten Zeiten. Und warum wollte so jemand 13-Jährige unterrichten? Er kam dadurch auf die so genannte Schutzliste des Judenrats, die ihn zwar nicht automatisch, aber doch so weit wie möglich vor der Deportation schützte! Und deswegen hatten wir wunderbare Lehrer. Da war wieder der Gedanke des Judenrats: Die Jugend, das ist die Zukunft. Ich habe damals die ersten lateinischen Worte gelernt: »Dum spiro spero, solange ich atme, hoffe ich«, das habe ich dann später in einer meiner Zeichnungen aufgegriffen.

Ja, im Rauch aus den Schornsteinen von Auschwitz. Bekamen Sie in Theresienstadt Zeichenunterricht?

Der Sohn des Judenältesten Jakob Edelstein war schon seit 1939 mein bester Freund und so lernte ich bei Edelstein all die berühmten Maler kennen, die

die Berichte des Judenältesten an die SS und nach Berlin mit schönen süßen Zeichnungen illustrieren mussten. Die mussten auch Plakate malen. Einige kann ich noch auswendig: »Hände waschen schützt vor Typhus und Infektionen«. Und da haben mir einige etwas Unterricht gegeben. Zum Beispiel Otto Ungar und vor allem Karel Fleischmann. Der war Arzt und Dichter und ein wunderbarer Zeichner. Er brachte mir Bleistifte und Papier, schaute sich dann meine Mappe mit den Zeichnungen an und gab mir Korrektur.

Wer hat bei Ihnen den tiefsten Eindruck in Theresienstadt hinterlassen?

Das ist sehr schwer zu sagen. Da war einer, den man nicht so gut kannte, aber der sich sorgte um die Kinder, Fredy Hirsch. Der hat so viel für uns getan. Er war sozusagen der Vater von allen Kindern. Er war zu allen wunderbar freundlich und wollte allen helfen. Er war eigentlich Turnlehrer und Pädagoge und er war der Zweithöchste für die Jugend in Theresienstadt. Er sorgte dafür, dass wir uns besser waschen konnten, das war in Theresienstadt etwas Außergewöhnliches. Er sorgte für genug Kleider, dafür, dass wir Karten bekamen für Kulturveranstaltungen.

Nachher lernte ich ihn auch in Auschwitz sehr gut kennen.

Sie waren damals erst 13 Jahre alt. Konnten Sie eigentlich in Theresienstadt noch Kind sein oder mussten Sie schon erwachsen werden?

Wir waren Kinder, aber wir waren schlau wie Erwachsene. Wir haben uns irgendwie noch eine zusätzliche Portion besorgt oder eine Kartoffel. Das waren kleine Diebstähle. Aber wir hatten schon damals eine gewisse Moral. Das heißt: Man darf nicht stehlen von einem Menschen. Aber wenn irgendwo ein Haufen Kartoffeln liegt, dann kann man etwas nehmen. Die Juden hatten auch ein Gericht in Theresienstadt für Fälle, wenn jemand Kohle gestohlen hatte oder etwas Brot, und die schlimmste Strafe war, dass jemand auf den nächsten Transport in den Osten gehen musste. Das war die Todesstrafe, aber das wusste man damals noch nicht, erst später.

Wer war am schlimmsten dran in Theresienstadt?

Das waren die deutschen Juden. Die hatten es vor allem deswegen am schlimmsten, weil man ihnen ursprünglich versprochen hatte, wenn sie etwas mehr

Geld geben würden, dann bekämen sie ein viel schöneres Zimmer mit Aussicht auf den See – da war aber gar kein See. Sie hatten das alles geglaubt, denn sie kamen aus der Weimarer Republik und waren noch so erzogen, dass man einem Beamten glaubt. Und anstatt ein eigenes Zimmer zu haben, geschweige denn eine Wohnung, kamen sie jetzt mit 40 anderen Menschen in so ein Loch. Diese Enttäuschung war fürchterlich. Und weil sie die Sprache nicht konnten – es wurde vor allem tschechisch gesprochen –, waren sie ganz verloren. Als wir ankamen, sahen wir sie und wunderten uns, weil sie wie Bettler aussahen in fast zerrissenen Kleidern. Sie bettelten uns um unsere Suppe an und wir gaben sie ihnen. Es waren vor allem Ältere und deswegen mussten sie bald in den Osten, da die erwartete Besuchskommission des Internationalen Roten Kreuzes nicht so viel Alte in Theresienstadt sehen sollte.

Da hatten Sie ein besonderes Erlebnis ...

Ja. Ich hatte in der jüdischen Schule Mährisch-Ostrau eine Schulleiterin, Fanny Ziffer, eine deutsche Jüdin, die für uns Kinder eine Autorität war. Ein Bild von einer Lehrerin: »Bohrt nicht in der Nase, weil da geht die Welt spazieren!« Bis heute kann ich deswegen nicht mit dem Finger in der Nase bohren. Und: »Kopf hoch, Brust raus, Bauch rein!« Wir schätzten sie sehr. Sie war dann aus der Schule entlassen worden und lebte ganz alleine in einem Haus für alte Frauen. Als wir sie da besuchten, war das für mich ein Schreck, denn ich sehe da plötzlich eine verlassene alte Frau. Diese so geehrte Frau war plötzlich ganz alleine. Das war für mich wie ein Symbol. Und es kam noch schlimmer. Denn plötzlich sehe ich sie auf dem Kasernenhof in Theresienstadt. Man hatte einen riesigen Transport von 5000 alten Menschen über 60 zusammengestellt, damit das Lager besser aussah. Ich kann mich noch sehr gut erinnern: Es war nachts. Da waren die riesigen Kasernen in Theresienstadt und dieser riesige Hof. Der Himmel war sternenklar und ich weiß noch, ich sah den Großen Wagen, wie er so wie das Schicksal auf die Menschen herabblickte, natürlich nicht bloß auf die 5000 Menschen, die da saßen. Und zwischen denen sehe ich plötzlich meine Oberlehrerin Fanny Ziffer, wie sie auf einem armseligen kleinen Koffer sitzt mit einem Zettelchen, auf dem die Transportnummer steht. Und da ist etwas Schreckliches in mir passiert. Das Symbol, das ich so ehrte, war eine verlassene einsame Frau. Ich hatte großes Mitleid: Wieso, warum kann ihr so etwas passieren, wieso kann ein so gebildeter Mensch, in meinen Augen eine Autorität, von einem auf den anderen Moment nichts sein? Und dann habe ich es ja auch selbst erfahren, was das bedeutet, so ein Transport ...

Wie war das mit der Angst in Theresienstadt, in den Osten deportiert zu werden?

Wir lebten in dem Kinderheim mit anderen Kindern monatelang zusammen. Es entstanden neue Freundschaften, das waren ja Kinder aus Wien, aus Prag, von überall her. Da kam dann plötzlich die Angst, weil jemand für den Transport gemeldet worden war. Und dieser Abschied, das war schrecklich. Man hatte sich schon an die neue Freundschaft gewöhnt und plötzlich ist das halbe Zimmer leer. Und es kommen wieder neue Menschen. Die Angst vor dem Transport, das war die größte Angst. Weil man wusste, von da hört man nichts und nichts kommt zurück. Es gab große Täuschungsmanöver. Erst kamen nur arbeitsfähige Männer dran, als gehe es um einen Transport in ein Arbeitslager, und dann baten die Frauen und Kinder, nachkommen zu dürfen.

Ab wann wussten Sie, dass das Transporte in den Tod waren?

Irgendwann wussten es einige, zum Beispiel Leo Baeck, der hochgeehrte Präsident der Juden in Deutschland, aber er entschied, nichts weiterzusagen, weil man doch nicht helfen konnte, und auf der ganzen Fahrt das sichere Gefühl zu haben, jetzt wird man mich ermorden, das ist fürchterlich. Wir waren gescheite Kinder, und wenn Leute von einem neuen Transport fragten, wo ist meine Frau, wo sind meine Kinder, dann fragten wir: »Wie alt war Ihr Kind?« Wenn das Kind unter 15 Jahren war, dann wusste ich, dass es nicht mehr lebte und die Mutter auch nicht, aber ich habe gesagt: »Oh, die sind vielleicht in so einem Transport und die werden Sie nach dem Krieg sehen«, um ihnen Hoffnung zu geben.

Wie unterschied sich Ihr Gemütszustand in Theresienstadt von dem in Auschwitz?

Zwar war Theresienstadt ein Musterghetto, aber es war dennoch sehr schlimm, denn wir konnten nicht mehr zurückkehren in die Welt von gestern. Theresienstadt war jetzt unsere Gegenwart, unsere Welt. Aber in Theresienstadt habe ich noch von Mährisch-

Ostrau geträumt. Ich erinnere mich, ich hatte zur Bar-Mizwa ein Album für meine Briefmarkensammlung und einen Füllfederhalter bekommen. Damals war ein Füllfederhalter eine große Sache. Ich hatte diese Dinge irgendwo auf dem Boden zu Hause versteckt. Und ich träumte nun in Theresienstadt, dass ich nach Mährisch-Ostrau zurückkehre und da meine Briefmarkensammlung, eine Kinderzeitung, die ich damals abonniert hatte, und alles andere wiederfinde. In Auschwitz dagegen war Mährisch-Ostrau für mich wie auf dem Mars, das heißt wie ein unbegreiflicher ferner Planet. Das normale Leben war vollständig weg. Das heißt, ich konnte höchstens noch träumen, in Theresienstadt zu sein. Das war sehr interessant, aber das war die Wahrheit.

5
»In jedem Menschen ist dieser göttliche Funke, auch in einem solchen Verbrecher.«

Sie waren 15 Monate in Theresienstadt. Am 16. Dezember 1943 trafen Sie dann in Auschwitz ein. Seit wann wussten Sie, dass Sie nach Auschwitz deportiert werden sollten?

Nun, ich denk' nicht so lange, zwei Wochen. Der Mann, auf dessen Schutzliste wir waren, Jakob Edelstein, hatte seine Position verloren und war eingesperrt worden, und er kam dann auf denselben Transport wie ich. Schon vorher spürte man, dass es einen großen Transport geben würde, und man bereitete sich vor so gut man konnte. Man hatte eine große Angst, die Atmosphäre war schrecklich unangenehm, wobei unangenehm ein Understatement ist. Man versuchte dem noch durch Beziehungen zu entgehen, aber nichts ging. Die Nacht vor dem Abtransport schläft man nicht mehr da, wo man bisher im Kinderheim geschlafen hatte, sondern auf irgendeinem Fußboden, immerhin mit meinem Vater, das konnten wir durch Protektion erreichen, dann ist man nicht so alleine und verloren.

Wie war die Fahrt nach Auschwitz?

Ich habe Ihnen ja schon von der merkwürdigen Ankunft in Theresienstadt erzählt. Und jetzt bin ich einer von denen, die von Theresienstadt nach Auschwitz fahren, und jetzt warten auf uns diese Viehwaggons. Man öffnet die, jetzt zählt man uns ... Das war alles sehr dramatisch. Um die 80 in einem Viehwaggon, zwei Kübel Wasser und einen Laib Brot für jeden. Und dann dieses schreckliche Erlebnis, wie man den Waggon versiegelt, wie lebendig begraben. Und der Waggon war voller Geschrei kleiner Kinder, auch von Babys. Man konnte nicht sitzen, nicht liegen, nicht stehen, man musste irgendeine Position dazwischen finden, es war alles sehr, sehr gedrängt. Die Fahrt dauerte zwei, drei Tage und es war eine sehr erschreckende und bedrückende Atmosphäre. Ich erinnere mich noch, dass die Signallaute der Lokomotiven jeweils anders klangen, je nachdem ob wir im Kriegsgebiet waren oder nicht. Und dann kamen wir in Auschwitz an. Ich guckte raus und sah eine surrealistische Landschaft und ich sah schwarze Ballons, die irgendwie gegen Flugzeuge waren. Und ringsum alles voll von Soldaten. Wir sahen sie nicht genau, weil es halb finster war, aber sie hatten graue Anzüge und alle hatten Stöcke, und da erinnerte ich mich an so eine irrsinnige Aktion, dass alle Juden ihre Spazierstöcke abgeben mussten. Und da hab ich erst gedacht, das muss ein Erholungsheim für die Rehabilitation von Soldaten sein. Doch das waren Stöcke zum Schlagen. Und dann waren da diese Scheinwerfer und plötzlich reißt man unseren Waggon auf: »Raus! Raus! Alles stehen lassen!« Ein unmenschliches Geschrei. Und dann mussten wir auf Lastwagen steigen und da standen wir wie Sardinen ganz gepresst.

Diese Lastwagen fuhren ja eigentlich sofort ins Krematorium ...

Wir waren die erste Ausnahme, die nicht ins Krematorium fuhr, sondern ins Familienlager nach Auschwitz-Birkenau. Die Landschaft, durch die wir fuhren, war merkwürdig. Man sah eigentlich nichts, aber alles war voller solcher geometrischer Lichter, immer auf jedem vierten Betonpfosten, um die Drähte zu beleuchten, die wir aber von ferne nicht sahen. Und dann treffen wir müde, todmüde mitten in der Nacht in einem Lager ein und kommen in so eine Holzbude, auf der steht: Pferdestall für 20 Pferde. Das habe ich mir sofort alles eingeprägt. Und da gab es immer 3 Kojen mit so komischen Überschriften: »Ehre deinen Vorgesetzten!« »Im Block Mützen ab!« »Eine Laus dein Tod!« »Ehrlich währt am längsten!« Alles in sehr schöner gotischer Schrift.

Was sollte das?

Da wurden wir dann den ganzen Tag dressiert: Mütze auf, Mütze ab und verschiedene blöde andere Sachen. Männer und Frauen waren in Extrablocks und ich war zusammen mit meinem Vater, wir hatten gemeinsam einen Strohsack, waren mit 800 Leuten zusammengepfercht in einem Stall für 20 Pferde. Wir fragten den Kapo von dem Block, der ein Tscheche war ...

Kapos, das waren Gefangene, die in den Blocks eine Leitungsfunktion hatten und denen es deswegen auch besser ging ...

Ja, wir fragten ihn: »Wo sind wir? Wo sind unsere Freunde?« Und da sagt er: »Die sind weg, die sind schon im Krematorium.« »Was bedeutet das?« Und da hat er uns ganz schroff erzählt: »Wenn ihr euch gut benehmt, dann habt ihr eine Chance, drei Monate zu leben, und das ist es dann. Und wenn euch das nicht gefällt« – und bei diesen Worten öffnete er die andere Tür des Stalls und da blickte man auf den Stacheldraht –, »dann könnt ihr euch da hineinwerfen und dann ist Schluss.«

Der Stacheldraht stand unter Strom ...

Ja. Und plötzlich erkennt ihn ein anderer Gefangener und sagt: »Ach, Josef, das bist du ja.« Da bekommt er zwei schreckliche Ohrfeigen. Und der Kapo sagt: »Hier bin ich nicht der Josef, hier bin ich dein Blockältester und du hast strammzustehen.« In Theresienstadt hatte es ja noch eine gewisse Art von Menschlichkeit gegeben, das war noch eine halb zivilisierte Welt. Diese Kapos, die schon die Waggons geöffnet hatten, die benahmen sich alle nicht wie Menschen, sondern wie wilde Tiere, die konnten gar nicht mehr sprechen, die brüllten. Manchmal waren sie nett zu uns Kindern, um uns irgendwie zu helfen oder einen guten Ratschlag zu geben, aber sie waren schon ganz verdorben von der Umgebung, da gab es ja nur Schreien, Brüllen und Fluchen. Das also war unser Empfang.

Warum wurden Sie nicht wie alle jüngeren Kinder mit ihren Familien sofort in die Gaskammern geschickt?

Als wir ankamen, stand in der Kartei: SB für 6 Monate, das bedeutete Sonderbehandlung. Und diese 6 Monate bekamen wir, weil vielleicht noch das Internationale Rote Kreuz hätte einen Besuch verlangen können. Dafür waren wir Kinder da.

Wie ging es weiter nach diesem »Empfang«?

Am nächsten Tag ging es in die »Sauna«, wo uns die Kleider weggenommen wurden, die dann in einen Sack kamen. Ich erinnere mich genau, dass ich als damals 14-Jähriger unterschreiben musste, dass ich mich freiwillig in Schutzhaft begeben hätte, wegen der Wut der Bevölkerung. Und da passierten dann merkwürdige Sachen. Die Offiziere wussten, dass wir so ein besonderer Transport waren, um das Rote Kreuz zu täuschen. Normalerweise durfte man Offiziere gar nicht ansprechen. Und da kam ein älterer deutscher Jude und sagt zu einem Offizier: »Herr Offizier, ich hab' Kopfschmerzen, können Sie so lieb sein und mir ein Aspirin bringen, mit Wasser?« Und das in Auschwitz! Doch der antwortete: »Ja, mein Herr«, ging und ich sah, wie er ihm ein Glas Wasser mit Aspirin brachte. Und da dachte ich, was ist das für eine Welt! Wir hatten ja schon Angst vor jeder SS-Uniform und da spielte einer einfach wie im Theater den guten Offizier. Aber dann passierte an diesem gleichen ersten Tag etwas, das war schon dämonisch. Wir hatten noch etwas Essen dabei und plötzlich sehe ich, wie ein Häftling, der in der Sauna arbeitete, sich auf eine weggeworfene Wurst stürzt und hineinbeißt. Das sieht ein gewöhnlicher SS-Mann und befiehlt: »Spuck das aus!« Aber er hat es nicht ausgespuckt und heruntergeschluckt und bekam dafür fürchterliche Prügel. Das konnte ich nicht verstehen. Erst viel später habe ich verstanden, dass für einen hungrigen Menschen die Hauptsache ist, er bekommt etwas zu essen.

Was waren die ersten Eindrücke im Familienlager?

Wir waren da ja mit Kindern, mit Alten und mit Siechen. Und am nächsten Morgen erlebte ich einen der schlimmsten Anblicke meines Lebens, den ich noch sehr vor Augen habe: Zwischen den Blocks gab es einen kleinen freien Platz. Und da sehe ich einen drei bis vier Meter hohen Berg von Leichen von den gerade Angekommenen. Die hatten noch ihre Kleider an. Diese älteren Menschen hatten die schrecklichen drei Tage in den geschlossenen Waggons nicht überstehen können, den Durst, den Hunger oder sie hatten keine Luft mehr bekommen. So eine Halde von Leichen hatte ich noch nie gesehen. Später sah ich immer wieder, wie sich Gefangene in den Drahtzaun geworfen hatten, der unter Strom stand. Diese hängenden Köpfe waren ein fürchterlicher Anblick. Solche Bilder sind mir für immer geblieben.

Was geschah mit den Kindern im Familienlager?

Ich kam in den Kinderblock, der von Fredy Hirsch geleitet wurde. Ich kannte ihn ja noch von Theresienstadt.

Was war eigentlich so besonders an ihm?

Er hat uns das Leben gerettet. Weil er bei der SS erreicht hatte, dass man diesen Kinderblock über Tag bewilligte. Er hatte gesagt: »Die Kinder stören ja nur bei der Arbeit und laufen zwischen den Füßen herum, da ist es doch besser, sie sind im Kinderblock und machen keinen Krach.« Und er konnte auch durchsetzen, dass für die Kinder der Appell nicht im Freien, sondern im Kinderblock stattfand. Was bedeutet das? Bei den Appellen starben massenhaft Menschen, weil sie stundenlang manchmal im Regen oder in der Hitze einfach nur stehen mussten. Das war eine der schrecklichsten Schikanen, und wenn man sich in der Nummer einmal irrte, dann ging es wieder von vorne los. Davor hat Fredy Hirsch uns bewahrt. Außerdem sorgte er für extra Kinderportionen. Und dann gab es sogar offiziell Unterricht für uns. Natürlich nicht mit Tisch und Stuhl, aber man erzählte uns von Physik und sogar von Literatur und so weiter. Und wir hatten es warm. Mein Job war es, den Kamin zu wärmen und Kindersuppe zu kochen. Fredy Hirsch hatte ein winziges Zimmer, er war der Kapo vom Kinderblock.

Die Kinder haben auch gemeinsam gesungen ...

Ja zum Beispiel: *Dona nobis pacem*. Da gab es eine schöne Geschichte: Ein SS-Mann kam und sagte: »Ihr habt's gut, ihr habt ja Frieden und wir müssen an der Front kämpfen.« Und da antwortete Fredy Hirsch schlagfertig: »Eben darum danken wir Ihnen mit *Dona nobis pacem* für den Frieden, den wir haben.« Und da wurde der SS-Mann ganz ruhig und hat nichts mehr gesagt. Manchmal kamen die SS-Leute zu uns nach den Selektionen, um sich auszuruhen. Und dann sangen wir Kinder ihnen ein bisschen vor.

Welche Überlebensstrategien hat Fredy Hirsch Ihnen beigebracht?

Er sagte immer: »Passt auf, dass ihr immer besser aussent und nicht vernachlässigt, deswegen wascht euch immer, notfalls mit Schnee.« Denn es ist so wichtig, im Lager schon auf den ersten Blick wie ein Mensch auszusehen. Das kann jemanden retten, dass er nicht in die Gaskammern kommt.

Diese Ratschläge haben Ihnen geholfen und damit konnten Sie auch anderen helfen ...

Irgendwann später spricht mich eine Frau an und es stellt sich heraus, sie ist eine Tante aus Berlin, die ich vorher nie gesehen hatte, mit ihren beiden jungen Töchtern. Ich wollte ihnen helfen, und wie rettete ich sie? Ich hatte Zugang zu zurückgelassenen Sachen und da brachte ich ihnen Lippenstifte und Büstenhalter. So konnten die Mädchen etwas älter und besser aussehen und die Selektionen überstehen. Alle drei haben überlebt.

Es gab auch Pläne für einen Aufstand in Auschwitz ...

Daran war Fredy Hirsch beteiligt. Er wusste, was passieren wird, und wollte nicht ohne Kampf aufgeben. Ich bekam das mit, denn auf der anderen Seite meines Ofens wurden Flaschen mit Benzin versteckt und Fredy Hirsch hatte konspirative Besprechungen, wo ich aufpassen musste, damit nicht plötzlich ein SS-Mann hereinkam.

Im März 1944 ist Fredy Hirsch dann gestorben, man weiß nicht genau, ob durch Suizid ...

Die Deutschen wollten ihn wohl eigentlich am Leben lassen, weil er eine Ausnahmeerscheinung war. Aber er wollte wahrscheinlich seine Kinder begleiten. Ein ganzer Transport von ihnen war ins Gas geschickt worden.

Kamen noch weitere Transporte aus Theresienstadt in Auschwitz an?

Ja, und wir sahen diese Menschen und wussten, wenn sie da langgehen, dann haben sie noch eine Chance, und wenn sie da langgehen, dann gehen sie geradewegs ins Krematorium. Und man konnte ihnen das auch nicht sagen, weil das half ja nichts. Und apropos Täuschungen: Wir mussten Postkarten nach Theresienstadt schreiben und auch zu reichen Freunden in Europa, damit sie uns Pakete schickten. Einige Pakete kamen sogar an. Die Postkarten sollten 2 Monate vordatiert werden, durften nur 30 Worte enthalten und mussten in erster und zweiter Person geschrieben werden, also etwa: »Wie geht es Dir? Mir geht es gut.« Aber wir haben hebräische Worte hineingeschmuggelt, zum Beispiel »mit meinem Tod werde ich enden« auf Hebräisch.

Was waren in der ersten Zeit in Auschwitz besonders erschütternde Erlebnisse?

Als ich noch ganz früh im Lager war, sehe ich, wie ein Kapo meinen Vater vor meinen Augen ohrfeigt, das sehe ich zum ersten Mal. Das ist fürchterlich. Denn ich kann nichts sagen, weil ich sonst auch nur verprügelt werde. Man muss das ruhig ertragen, aber das ist eine Erniedrigung, die man sich kaum vorstellen kann. Man lebt in einer anderen Welt mit anderen Gesetzen. Immerhin konnte ich meine Eltern nach dem Abendappell sehen und ihnen mit Kleinigkeiten helfen. Und nachher war es selbstverständlich am erschütterndsten, dass ich meine Eltern und meine Schwester verlor. Im tschechischen Block ging es am Anfang noch halbwegs menschlich zu, weil man da die gleiche Sprache sprach, und es waren da auch noch ehemalige Freunde. Aber wenn die eine bessere Position hatten, wurden die auch distanziert. Ich erinnere mich noch gut, da war einer Kapo geworden und prahlte: »Ihr andern kommt alle um, ich werde es überleben, ich habe genug zu essen.« Aber nach 6 Monaten ging er auch ins Gas. Gott behüte, wir hatten da keine Schadenfreude, aber so lernten wir Menschen kennen. Da ist einer erst ein stolzer Kapo und ich bin ein Nichts und dann geht er vor mir ins Gas. Es gibt also eine andere Gerechtigkeit.

Gab es auch positive Erlebnisse?

Ich hatte ein herrliches Erlebnis, da war ich schon ein alter Häftling, über ein Jahr in Auschwitz, und das war schon sehr viel. Da kommt ein sehr gefährlicher SS-Mann – ich hatte gesehen, wie er viele Menschen totgeschlagen oder fast totgeschlagen hatte – und sucht sich 10 Häftlinge aus, ich war der zehnte. Und er sagt: Geht zum Tor. Das war in der Nacht lebensgefährlich, denn da saßen die SS-Wachen. Und wir dachten schon voller Angst, was wird wohl jetzt passieren? Und da führt er uns in einen Raum mit einem Tisch und auf dem Tisch liegt eine Salami. Und er schneidet sie in 10 Stücke, gibt jedem ein Stück und sagt: »Haut ab!« Das war für Auschwitz ein sehr harmloser Spruch. Und da sage ich wieder: In jedem Menschen ist dieser göttliche Funke, auch in einem solchen Verbrecher. Plötzlich ist er da gewesen!

Sind Sie diesem SS-Mann später noch mal begegnet?

Ja, im Frankfurter Auschwitz-Prozess, da musste ich als Zeuge aussagen. Und ich habe sehr vorsichtig gezeugt, nämlich nur gesagt, was ich gesehen hatte: Er hatte jemanden so geschlagen, dass der sich nicht mehr rührte, und dann ging er weg. Ich konnte nicht sicher sagen, ob er den totgeschlagen hat oder nicht. Aber ich erzählte in dem Prozess auch die Geschichte von der Salami.

Hat er nachher Reue gezeigt?

Man erzählte mir, dass er tatsächlich als Einziger gesagt hat: »Ja, ich bin schuldig.« Obwohl er eigentlich ein primitiver ungebildeter Mensch war. Doch dieser Mann ohne Erziehung war der Einzige, der zugegeben hat, dass er etwas Schlimmes gemacht hat. Alle anderen haben sich herausgeredet.

Gab es andere Momente, wo ein böser Mensch plötzlich gut war?

Eines Tages begegnete mir eine berüchtigte SS-Frau, hübsch, aber sie schlug Menschen brutal. Sie sieht mich und befiehlt: »Komm, geh in diesen Block rein!« Ich war erschrocken und wusste nicht, was mich erwartete. Da war ein Tisch und auf dem Tisch ein Topf mit eineinhalb Litern süßer Nudeln. Und sie sagte: »Iss! Iss es auf!« Davon konnte man nur träumen in

Auschwitz! Und das war dasselbe mit dem göttlichen Funken. Auch in diesem Bösewicht, denn sie war bestimmt kein Engel, gibt es diese Sekunde. Ich weiß nicht, warum sie mich ausgesucht hat, vielleicht erinnerte ich sie an irgendeinen Verwandten. Aber da war dieser Funke Menschlichkeit.

Sind Sie Josef Mengele in Auschwitz begegnet?

Ja, er war öfter bei uns Kindern im Familienlager. Er war immer korrekt, hat niemals geschlagen. Und wenn Frauen mit Babys da waren, dann versprach er ihnen: »Ich bringe euch an einen weiß gestrichenen, schönen und sauberen Ort und da werden es die Kinder gut haben.« Und dann beschrieb er den Ort ganz genau. Später sah ich, er hatte exakt die Krematorien beschrieben. Das war teuflisch. Er liebte wahrscheinlich Mozart, denn wenn es ihm bei der Selektion langweilig wurde, dann pfiff er immer Mozart.

Schrecklich. Ihre Sonderbehandlung sollte ja eigentlich nur 6 Monate dauern, aber Sie blieben länger ...

Die Politik hatte sich geändert. Etwa ab Juli 1944 brauchte man Arbeitskräfte und nun kam es sozusagen zu Selektionen im guten Sinn. Man wurde nicht fürs Gas ausgewählt, sondern für die Arbeit, wenn man arbeitsfähig war. So wurde meine Schwester, die schon 20 war, zur Arbeit verschickt. Meine Mutter hatte bei der ersten Selektion kein Glück und ich hab' sie gezwungen, nochmal die ganze Tour zu machen. Das war gefährlich, weil es ja eigentlich ein Schwindel war, aber beim zweiten Mal gelang es ihr. Ich habe mir später Vorwürfe gemacht, ob ich da etwa Gutes oder Schlechtes getan habe, denn zwar überlebte sie noch ein halbes Jahr, aber zwei Wochen vor der Befreiung ließ man sie im KZ Stutthof zusammen mit meiner Schwester verhungern, nachdem sie vorher noch eine Typhusepidemie überstanden hatten. Aber schließlich ist man ja kein Prophet, der das Schicksal der Menschen voraussehen kann.

Und was war mit Ihrem Vater und Ihnen?

Ich war ja jetzt in der Kategorie der arbeitsunfähigen Kinder und mein Vater war zu alt. Daher wussten wir, jetzt kommen wir an die Reihe zum Vergasen. Doch plötzlich passierte etwas ganz Unwahrscheinliches. Normalerweise musste man zu einer Selektion. Aber jetzt konnten sich 12-15-jährige Jungen zu einer besonderen Selektion freiwillig melden. Und da gab es Diskussionen mit meinem Vater: »Komm mit mir, wir wollen zusammen sterben.« Denn wir wussten ja nicht, was mit uns passieren wird, ob man uns wirklich in eine Fabrik schickt. Wir diskutierten hin und her, wechselten unsere Meinung. Und so ging ich nicht zu dieser Selektion. Nun war aber Mengele, der eigentlich zuständig war für die Selektionen, zufällig krank und der Kommandant von Birkenau hatte die Selektion ersatzweise geleitet. Doch Mengele fand, das sei sein Job, und so führte er eine Woche später seine Selektion selber durch. Noch einmal hatte ich dieselbe Diskussion mit meinem Vater. Und dann haben wir uns entschieden, dass ich aus dem Familienlager herausgehe. Selbstverständlich wusste ich, dass ich meinen Vater jetzt das letzte Mal sehe, und diese Trennung war sehr, sehr schwer. Ich sagte ihm, ich werde es überleben und wir treffen uns in Israel. Aber ich war ein vernünftiges Kind und ich wusste die Wahrheit und er wusste die Wahrheit: Wir schauen uns jetzt das letzte Mal an. Bevor ich ging, wollte er mir noch sein Brot geben. Ich hab' es nicht angenommen, denn die Eltern hungerten ja viel mehr als ich. Und trotzdem wollte er mir sein Brot geben –, das ist wirklich ein Beispiel für eine unglaubliche Liebe eines Vaters zu seinem Sohn.

In der Holocaust-Gedenkstätte Yad Vashem hängt ein Bild von Ihnen, das ein Krematorium in Auschwitz zeigt und in dem zum Himmel aufsteigenden Rauch kann man das Bild Ihres Vaters sehen, der ja dann in der Nacht vom 10. auf den 11. Juli 1944 vergast wurde. Das ist unglaublich berührend ...

Ich habe das schon Ende 1945 gezeichnet und es war Ausdruck meines Gedenkens an den Tod meines Vaters. Das entstammte selbstverständlich einem sehr, sehr tiefen Erlebnis. Es gibt diese Träume, in denen man seinen Vater sieht, als hätte man ihn wiedergefunden. Das waren ja diese interessanten Träume nach dem Krieg. Man weiß zwar, was passiert ist, aber man hofft irgendwo. Und diese Hoffnung zeigt sich im Traum. Es gibt die Sitte, dass man am Tag des Todes der Eltern eine Kerze anzündet und ein Kaddisch-Gebet spricht und versucht, dadurch mit dem Gedenken daran irgendwie etwas besser klarzukommen. Und ich hatte das Glück, dass ich das durch Zeichnungen konnte.

6
»In Grenzsituationen bleibt nur die Herzensbildung übrig.«

Zurück zu dieser »Selektion im guten Sinne«. Wie viele Jungen wurden da ausgewählt?

Neunundachtzig. Und es waren darunter mehr als die Hälfte noch die Freunde aus Theresienstadt. Das war sehr wichtig. Die Strategie der Nazis war, die Menschen erst psychisch und dann auch physisch zu vernichten, das wissen wir ja aus den Wannsee-Dokumenten: die Frauen separieren von den Männern und auch von den Kindern und es ihnen allen so seelisch immer schlimmer machen. Aber dank der Erziehung von Fredy Hirsch war das bei uns anders, wir fühlten uns alle als Kameraden und auch ohne verantwortliche Betreuer sorgte einer für den anderen, denn wir merkten instinktiv, wir müssen jetzt so wie Brüder noch mehr zusammenhalten. Wenn zum Beispiel jemand Durchfall hatte, und Durchfall war in Auschwitz lebensgefährlich, dann haben wir Brotrationen gesammelt und dafür Medikamente besorgt. Dieses Gefühl der Brüderlichkeit hat uns wahrscheinlich das Weiterleben ermöglicht.

Wo kamen Sie hin?

Als wir abmarschierten, wussten wir überhaupt nicht, was mit uns passieren sollte. Geht es jetzt vielleicht ins Krematorium oder in die normale Dusche? Und tatsächlich, wir kamen erst in eine normale Dusche, zur Entlausung, wie das bei jedem Umzug in Auschwitz üblich war, und dann in einen abgeschlossenen, aber besseren Sonderbereich, in ein Gebäude, in dem Strafgefangene untergebracht waren, aber wir kamen dahin nicht, um bestraft, sondern um isoliert zu werden. Übrigens weiß man bis heute nicht, warum wir eigentlich ausgewählt wurden, vielleicht für einen Austausch mit den Alliierten, man weiß es nicht. Jedenfalls hatten wir es viel besser, wir brauchten nicht zu irgendwelchen fürchterlichen Arbeiten und wir durften sogar unsere Haare behalten. Das war in Auschwitz ein Privileg, man wurde dann selbstverständlich auch weniger geschlagen. Sonst passierte erst mal nichts. Das heißt, man hatte uns offenbar vergessen. Das war schon der Anfang von einem gewissen Chaos. Erst nach drei Monaten wurden wir langsam eingeteilt als Hilfe für die SS. Es gab sogenannte Läufer, die Nachrichten und anderes durchs Lager brachten, es gab ja nicht überall Telefone. Die trugen eine Armbinde und so jemand war in Auschwitz ein halber König. Das waren 16-jährige Jungens und die konnten dann absolute Macht ausüben, das konnten einige auch missbrauchen. Ich kam zu einer Gruppe, die an der Stelle von Pferden einen Rollwagen durchs Lager zog, und wir »Birkenau-Boys« kamen überall hin und konnten uns fast alles besorgen.

Hatten Sie auch Kontakt mit Leuten aus den Sonderkommandos, das heißt mit den Gefangenen, die im Krematorium arbeiteten und für die Verbrennung der Leichen zuständig waren?

Gleich neben unserem Block 13 lag der Block 11. Da war das Sonderkommando. Wir Kinder waren zwar ganz realistisch, wir wussten, dass von hier niemand rauskommt. Aber anderseits war ich auch sehr neugierig. Ich wollte wissen, wie man die Menschen verbrennt, so wie auf einer Herdplatte oder anders? Ich war wie jemand, der wissen wollte, wie eine Puppe funktioniert, und die dafür auseinandernimmt. Und so nahm ich Kontakt mit den Leuten vom Sonderkommando auf, was eigentlich streng verboten war, und führte Interviews mit denen, ohne zu wissen, was Interviews waren. Und obwohl ich eigentlich wusste, dass wir nicht rauskommen würden, dachte ich, wer weiß, und vielleicht kann ich es dann eines Tages erzählen.

Was haben Sie da erfahren?

Einer hieß Kalmin Fuhrmann, er kam aus Galizien und ich kenne heute noch seine Nummer: 80 810. Diese Nummern wurden einem gleich am Anfang eintätowiert. Wer keine Nummer bekam, der kam entweder direkt ins Gas oder wurde sofort weitergeschickt. Und er erzählte mir, dass er gleich zu Anfang seine eigenen Eltern und Geschwister, die eben vergast worden waren, verbrennen musste. Das war für ihn ganz schrecklich und da hat er versucht, sich aufzuhängen. Man hat ihn aber abgeschnitten und sah, dass er etwas feiner war als die anderen, und hat ihm einen anderen Job gegeben, einen Job als Schneider. Und von dem hab ich langsam alles rausbekommen.

Was genau erzählte er?

Er hatte noch einen anderen Job. Es gab auch Erschießungen in Auschwitz. Da musste er die Leute an den Ohren festhalten, damit sie vor dem Genickschuss nicht wegzuckten. Und da hat er mir erzählt, wie sich Jakob Edelstein, seine Frau und sein Sohn, mein bester Freund, dabei benommen haben, und das hat mich sehr interessiert. Und er konnte mir sagen, das seien wirklich ganz feine intellektuelle Menschen gewesen, die hätten keinen Widerstand gezeigt oder geschrien, sondern seien ganz gelassen gewesen. Er erzählte auch von den Täuschungsmanövern der SS bei den Gaskammern. Da wussten die Menschen bis zum Schluss nichts, denn man hatte ihnen gesagt, sie sollten die Schuhe schön zusammenbinden und sich die Nummer vom Kleiderhaken merken, damit sie nach dem Duschen auch alles schnell wiederfinden könnten. »Denn die Suppe wartet auf euch.« Und dann ging es ab in die Gaskammer.

Durch Ihren guten Kontakt mit dem Sonderkommando haben Sie auch vom Tod eines Onkels erfahren ...

Eines Tages kommt einer meiner Freunde beim Sonderkommando und zeigt mir eine Fotografie: »Jehuda, das habe ich gestern bei meiner Arbeit gefunden!« Er hatte die Aufgabe, die Dokumente der Vergasten zu verbrennen. Und das war ein Foto von mir. Und da wusste ich, weil nur mein Onkel diese Fotografie hatte, dass er diese Nacht vergast worden war.

Was haben Sie bei Ihren Touren mit dem Rollwagen erlebt?

In Auschwitz war alles unvorhersehbar, nichts war logisch, es war eine Welt mit ganz anderen Gesetzen. Im Winter mussten wir zum Beispiel die Asche aus den Krematorien auf die Wege streuen, das war irgendwie surrealistisch. Die Leute vom Sonderkommando konnten den Opfern alles wegnehmen, auch Essen, und von den französischen Transporten nahmen sie zum Feuermachen das Parfum, das sie eingesammelt hatten. Eines Tages sagt uns einer vom Sonderkommando, als wir bei den Krematorien zu tun hatten und gerade kein Transport bevorstand: »Jungs es ist kalt, wenn ihr wollt, könnt ihr euch unten in der Gaskammer ein bisschen wärmen.« Die meisten hatten Angst, aber ich war immer schon sehr neugierig und ging hinunter. Und da hat mir einer meiner Freunde vom Sonderkommando alles so gezeigt, wie man durch ein Museum führt, und ich ließ mir auch ihre Arbeit ganz genau erklären. Ich sah zu meiner Überraschung, dass die Löcher in den Duschen gar keine richtigen Löcher, sondern nur hineingeklopft waren, das waren bloß Täuschungen. Ich sah die viereckigen Öffnungen, in die das Zyklon B hineingeschüttet wurde. Ich sah den Extraraum, in dem Dr. Mengele seine

Vivisektionen machte. Und dann sind wir Jungs mit dem Leichenlift mal rauf und runter gefahren.

Was hörten Sie vom Sonderkommando über die Situation der Menschen vor der Vergasung?

Das war ganz unterschiedlich. Es gab Fälle, wo die Leute schon irgendwas ahnten, und da überredete man den Leiter einer Gruppe, sie durch eine kleine Rede zu beruhigen, es sei alles in Ordnung. Diesen Leitern, die ihre Leute belogen, versprach man, sie würden dann gerettet, aber auch das war gelogen, und sie starben manchmal auf schlimmere Art. Einmal war da eine berühmte Tänzerin, die tanzte den SS-Männern noch etwas vor und zog dann blitzschnell einem SS-Mann die Pistole raus und erschoss ihn. Aber es gab auch Leute, die sich für andere opferten, zum Beispiel Pater Maximilian Kolbe, aber auch Juden.

Sie haben mal erzählt, Sie hätten in Auschwitz Menschen erlebt, die in den kritischsten Momenten ihres Lebens zu Heiligen wurden, und hochgebildete Professoren, die sich benommen hätten wie Schweine ...

In Auschwitz ist mir klar geworden, dass Bildung häufig nur eine dünne Schicht auf der Seele ist. In

Grenzsituationen bleibt nur die Herzensbildung übrig. Ein Mensch kann plötzlich wie ein Bruder zu einem ganz fremden anderen Menschen sein, plötzlich, wie diese SS-Frau, von der ich Ihnen erzählte. Das heißt, man kann nicht sagen, nur weil jemand ein Gymnasium besucht hat, ist er schon ein Mensch. Ich konnte das natürlich damals nicht genau definieren, aber ich hatte ein Gespür dafür, wann jemand ein Mensch war und wann ein Unmensch. Und in den Grenzsituationen kommt das sehr stark heraus. Aber man darf auch nicht leichtfertig urteilen. Als ein guter Freund von mir bei dem Todesmarsch von Auschwitz weg ganz schnell wieder aus einem Graben herauswollte, wo wir uns etwas ausgeruht hatten, geriet er in Panik, nahm eine Rasierklinge und verletzte mich. Irgendwo habe ich noch die Narbe. Das war sicher nichts gegen mich, das war die Panik, und wir waren weiter gute Freunde. Und solche Erlebnisse machten mich nachdenklich: Was ist wirklich böse und was ist nur Panik?

Sie haben auch gesagt, Macht könne gefährlich sein...

Ja, ich sah einige von den jungen so genannten »Läufern«, von denen ich Ihnen erzählt hatte, und die viel Macht hatten, wie sie nur aus Spaß, gar nicht mal aus

Schlechtigkeit, einfach den Kaffee anderer Gefangener in den Ausguss gegossen haben. Nur so aus Macht. Macht verdirbt ja so schnell viele Menschen. Und das konnte man in Auschwitz so gut lernen. Was passiert mit Menschen, die scheinbar absolute Macht haben?

Ein Beispiel?

Da war der Henker Fischer. Er war eigentlich ein sehr primitiver kleiner Mann. In Theresienstadt sollten am Anfang drei Menschen aufgehängt werden, weil sie heimlich Briefe rausgeschickt hatten. Man suchte einen Henker und er meldete sich, denn er war irgendwie von Beruf Metzger. In Auschwitz wurde er sogar Unter-Kapo, das war schon eine hohe Stellung, die ihm die Möglichkeit gab, zu fluchen und mit dem Stock zu schlagen. Und tatsächlich schrie er alle an und verprügelte viele, allerdings nicht sehr gefährlich. Zu uns Kindern war er dagegen sehr lieb. Das heißt, es gab bei ihm zwei Seiten. Später wurde er aber dann für ein Kommando eingeteilt, das mit Leichen zu tun hatte. Da war der große Unter-Kapo plötzlich ein armer Mann ohne Funktion. Und wir Kinder hatten irgendwie Erbarmen mit ihm. Wir wussten, er war kein angenehmer Mensch, aber die Kinder hat er niemals geschlagen.

Woher kommt dieses Erbarmen?

Es ist in jedem Menschen, aber oft ist es unterdrückt und die Erziehung hat es nicht gefördert. Oder sogar im Gegenteil: »Setz dich durch, du musst kämpfen, sonst hast du nichts.« Ein Beispiel: Eines Tages kamen polnische Kinder aus Lodz ins Lager neben uns. Wir kannten sie nicht, aber wir wussten, sie sind hungrig und es war sehr schlimm in Lodz. Was taten wir? Wir hatten niemanden mehr über uns, wir waren wie die Tiere, aber wir sammelten unter uns Suppe in großen Blechschalen – und Suppe, das war schon etwas in jener Zeit! – und reichten es den Kindern durch den Draht hindurch. Warum erzähle ich das? Der Draht stand unter Strom, und wenn ich mich um eineinhalb Zentimeter vertan hätte, wäre ich sofort tot gewesen. Wir taten das freiwillig, niemand forderte uns dazu auf. Und da zeigt sich, das war wieder die Erziehung und es waren diese göttlichen Funken, die in jedem Menschen sind.

Haben Sie auch in Auschwitz gemalt?

Gemalt ist übertrieben, gezeichnet. Manchmal die Gesichter meiner Freunde, mal den Block, deswegen ist mir all das auch so gut im Gedächtnis geblieben, und dann habe ich das Schicksal gezeichnet, so als ob eine grausame Hand von oben kommt, etwas Bedrückendes, Bedrohliches.

Das haben Sie dann sofort nach dem Krieg wiederholt, denn alle Zeichnungen aus Auschwitz waren ja weg ...

Aber das Schicksal war auch gut zu mir in Auschwitz. Einmal war ich unter Verdacht, beim Aufstand im Krematorium irgendwie mitgemacht zu haben. Aber meine Freunde haben mir geholfen und mir ist nichts passiert. Doch ich musste stundenlang für das Gespräch bei der Gestapo warten. Und ausgerechnet in dieser Zeit gab es bei uns Jungen eine große Selektion, ein Teil musste in ein anderes Lager, schwerere Arbeit machen. Das wäre für mich vielleicht tödlich gewesen, weil ich klein und schwach war. So hat mir diese Vorladung, die mir eigentlich Angst gemacht hatte, das Leben gerettet. In Auschwitz wusste man nie, ob etwas gut oder schlecht ausging.

Haben Sie ans Überleben geglaubt in Auschwitz?

Ich wusste, man kann mich zu Asche machen. Aber ich wusste auch, dass es etwas in mir gibt, das nicht sterben kann. Das heißt, es gibt etwas Überzeitliches, Zeitloses, Geistiges, etwas Göttliches, das man nicht vernichten kann. Man kann es Seele nennen, aber der Name war mir nicht wichtig. Mit höherem Alter dann verändert sich die Perspektive, man hat höhere Gedanken, aber dadurch wird man demütiger. Denn man kann sich nur annähern. Gott ist ewig transzendent, man hat ihn niemals in der Tasche. Was man in der Tasche hat, ist die eigene Dummheit, aber nicht Gott, das Ewig-Transzendente. Man weiß, es ist, aber man besitzt es nicht. Doch man kann eine Vorahnung haben. Und jeder bekommt diese Vorahnung auf andere Weise. Und die verändert sich und bekommt unendlich viele Gesichter. Diese Vorahnung wurde bei mir in Auschwitz gefestigt und die gab mir Mut zum Weiterleben.

Wie sah Ihr religiöses Leben in Auschwitz aus?

Religiöses Leben war in Auschwitz selbstverständlich verboten. Aber ich fastete zum Beispiel an Jom Kippur. Es gab als Hauptspeise so eine Suppe. Und die haben wir Jungs, die an Jom Kippur fasteten, unter dem Bettkissen versteckt. Aber das war lebensgefährlich. Wenn man das gefunden hätte, wäre man beschuldigt worden, die Suppe gestohlen zu haben.

Dieses Fasten an Jom Kippur war für mich das Symbol meines religiösen Lebens.

Was gab es noch an religiösem Leben für Sie in Auschwitz?

Ich denke, dass diese religiöse Seite sich zeigte in der Bereitschaft, anderen zu helfen, und so etwas kommt ja auch ganz unbewusst zum Vorschein. Als wir gerade im Familienlager in Auschwitz angekommen waren, gab es im Männerblock viele alte Männer. Wenn sie im Sterben waren, legte man sie auf den Betonboden und da röchelten sie noch. Und da kam es zu einer Situation, weil ich alleine im Block war, und da war so ein alter sterbender Mann, der noch röchelte. Man hatte ihn schon auf die Erde gelegt, um ihn in ein paar Minuten abzuholen. Und plötzlich ging ich zu ihm, denn ich hatte irgendwie Mitleid mit ihm. Ich kannte ihn nicht, wahrscheinlich war es ein deutschsprachiger Prager Jude. Ich war so etwas nicht gewöhnt, ich war ja erst vierzehn, aber ich fragte ihn: »Wie heißt du? Hast du Kinder?« Und da sagt er: »Ich habe zwei Söhne in Israel, die wohnen in einem Kibbuz.« Ich versprach ihm, Grüße auszurichten, ich sprach noch ein paar Worte mit ihm und kurz danach ist er gestorben. Warum habe ich das getan? War es eine gewisse seelische Neugier? Aber ich wollte ihm spontan ein paar menschliche Worte sagen, bevor er stirbt.

Aber das ist ja das richtig Gute ...

Ja, aber man war in Auschwitz fortwährend in Versuchungen in jede Richtung. Es war sehr schwer, da nicht zu stehlen und nicht etwas Schlimmes zu machen, wenn man Gelegenheit dazu hatte.

Haben Sie die beiden Kinder in Israel gefunden?

Nein, aber ich suche immer noch mit Hilfe von einigen Jugendlichen und von Yad Vashem. Das wird denen bestimmt Vergnügen machen, wenn ich die Urenkel finde und die einen Gruß vom Uropa bekommen.

Haben Sie gebetet in Auschwitz?

Ja, zum Beispiel das Schma-Jisrael (Höre, Israel) und das Modeh Ani (Morgengebet), die konnte ich auswendig auf Hebräisch. Es ging dabei vor allem darum, nicht das menschliche Antlitz zu verlieren. Es gab natürlich Situationen, da konnte man nicht beten. Es wurde zum Beispiel im Lager fürchterlich geschimpft. Aber der Wolfi, der Rabbinersohn, dem Pitter die Mütze beim Essen abgenommen hatte, war da ganz erstaunlich. Als jemand zu ihm »Du Hurensohn« sagte, und das war gar nicht so böse gemeint, da antwortete Wolfi in seiner Unschuld: »Bitte beschimpfen Sie nicht meine Mutter, beschmutzen Sie nicht ihr Andenken, beschimpfen Sie bitte mich.« Das hätte schlimm ausgehen können, er hätte verprügelt werden können. Aber es ist nichts passiert.

Haben Sie noch Kontakt mit Wolfi und anderen Überlebenden?

Oh ja, mit allen aus unserer Gruppe. Denn ich war auch sehr neugierig, wie sie sich entwickeln, wie sie sich nach Auschwitz ins normale Leben eingefunden haben. Ich habe alle Briefe gesammelt und werde sie Yad Vashem vermachen, weil das auch psychologisch interessant sein wird. Denn in einem bestimmten Alter schrieben alle dasselbe. Es war das Alter, als ihre Kinder in dem Alter waren, in dem sie selber in Auschwitz waren. Da schrieben alle: Ich fühle mich ganz alleine. Niemand versteht mich, weder meine Frau noch meine Kinder. Auch mir fällt es manchmal schwer, irgendetwas meiner Frau zu erklären, was ich von Auschwitz her gewohnt bin. Wenn sie mir sagt, auch sie hätte wenig Geld zum Leben gehabt in Amerika, dann habe ich den Eindruck, sie versteht mich nicht. Schon nach dem Krieg, da war ich zu Weihnachten bei Christen eingeladen und die sagten, ich solle etwas von Auschwitz erzählen. Und da habe ich exakt über unsere Kost berichtet und da sagten sie: »Ja, das war bei uns auch nicht so leicht, wir hatten nur drei Eier in der Woche.« Das heißt, die hatten gar keine Ahnung, die lebten sozusagen auf dem Mond, und da sah ich, es ist unmöglich. Das war diese »Wand« zwischen denen und uns. Übrigens können wir KZ'ler alle kein Brot wegwerfen. Selbst Ungläubige von uns heben hingefallenes Brot auf und küssen es.

Wie sind Sie mit dieser »Wand« umgegangen?

Was tue ich, wenn ich nicht reden kann mit den so genannten normalen Menschen? Dann zeichne ich für mich, ich schreibe für mich, und wer weiß, vielleicht wird es irgendwann einen Sinn haben. Es ist einfach sehr schwer, so von alldem zu erzählen, dass es auch gehört werden kann. Nicht nur grausame Geschichten, sich nicht wichtigmachen, ich hab' das und das erlebt, ich hab' so und so viele Hiebe bekommen.

Sind Sie nach dem Krieg Tätern begegnet?

Ja, nach dem Frankfurter Prozess zum Beispiel, da sprach mich einer an und erzählte mir so Geschichten, dass sein Großvater jüdischer Abstammung war, es war ein bisschen abscheulich. Bis heute gibt es Leute, die mich um Vergebung bitten.

Und wie gehen Sie damit um?

Ich habe mal David Flusser gefragt, den bekannten jüdischen Religionswissenschaftler, der in Prag aufgewachsen war: »Was mach' ich mit diesem Problem?« Und da sagt er: »Du kannst dem vergeben, der die Verantwortung übernimmt. Das heißt, dem, der Mitgefühl hat mit dem, was passierte, dem können wir vergeben.« Und ich tat es. Es kamen auch Kinder von hohen SS-Führern und sagten: »Kannst du mir verzeihen?« Für sie war das alles noch ein Schock.

Was würden Sie Mengele sagen, wenn Sie ihm heute begegneten?

Ach wahrscheinlich: »Wie schlafen Sie nachts?« Das würde ich ihn fragen. Aber es würde mich interessieren, ob er überhaupt ein Gewissen hat oder ob er noch so verblendet ist von all den Theorien, dass er bis heute denkt, dass er das Richtige gemacht hat.

Sie würden ihn nicht anklagen?

Was hat das für einen Sinn? Ich bin gegen Rache, ich würde ihn nicht zum Tode verurteilen, sondern ich würde ihn zwingen, seine Biografie zu schreiben, damit das einen Sinn hat für andere Menschen. In Wahrheit waren all diese Menschen ja nur groß, weil sie diese Charge, diese Position hatten, weil sie scheinbar eine Macht über andere hatten, aber wenn man sie sieht ohne ihre Uniform, in ihrer Nacktheit, dann sind sie Menschen, arme Teufel ...

Aber doch noch Teufel ...

Ja, aber was soll man mit ihnen machen? Man sollte etwas Gutes daraus machen, also er sollte schreiben, über sein ganzes Leben, was er dachte ... Ich würde ihm schon ein paar Punkte mitgeben, über die er schreiben sollte, aber er könnte schreiben, was er will, damit die Menschen für die Zukunft daraus etwas lernen können.

Auch von solchen bösen Menschen?

Ja, klar, denn sonst ist es sinnlos. Ich bin grundsätzlich gegen die Todesstrafe.

Gab es eigentlich Humor in Auschwitz?

Oh ja. Der Humor von uns Kindern war manchmal etwas harsch, aber gut gemeint. Wir waren ja keine bösartigen Kinder. Wenn irgendein älterer Mann, so um die 40, und das war schon alt für Auschwitz, sagte: »Kinder, macht nicht so viel Lärm!« Was war unsere Antwort? »Du Alter, was regst du dich auf, du bist ja sowieso schon mit einem Bein im Krematorium.« Das ist schrecklich, aber für uns war das harmlos, ein halber Witz.

7
»Die größte Versuchung meines Lebens.«

Wie war das Ende in Auschwitz?

Zwei Tage vor der Evakuierung haben wir mit dem Rollwagen noch einen Weihnachtsbaum für die SS von Auschwitz nach Birkenau geschafft. Als die Front näher kam, wurde das Lager aber langsam entleert, die Krematorien wurden abgebaut. Die Leute vom Sonderkommando hatte man übrigens vernichtet, weil es da ja einen Aufstand gegeben hatte, man hatte am Schluss nur etwa 150 von ihnen am Leben gelassen, damit sie die restlichen Leichen verbrennen. Am 18. Januar 1945 nachts mussten wir, alle Übriggebliebenen, antreten. Manche versuchten, sich zu verstecken, denn es war klar: Das ist das Ende. Jetzt kommen die Russen. Man hörte schon von weitem die Kanonen. Alle mussten sich noch so gut wie jeder konnte anziehen, wir bekamen sogar noch einen Laib Brot mit auf den Weg und wir warteten, bis alle da waren. Und da zeigte sich, wie sehr uns unsere Kameradschaft half! Derjenige von uns, der bei den Schuhen gearbeitet hatte, hatte dafür gesorgt, dass wir alle gute Schuhe hatten. Und es war ein großer Unterschied, ob man im Schnee – 1945 gab es einen wahnsinnig strengen Winter – mit irgendwelchen Holzpantoffeln, das war ja fast unmöglich, oder mit richtigen Schuhen gehen konnte. Ein anderer Junge arbeitete im Kleiderraum, der konnte ein bisschen bessere Kleidung sammeln für diesen Marsch. Wir waren also besser ausgerüstet. Und dann gingen wir raus. Das habe ich noch klar in Erinnerung, und genau als wir abmarschierten, wurden die Krematorien gesprengt. Wir hörten noch diese Geräusche und sahen das auch. Es hatten sich im Chaos des Abmarschs bei der Dunkelheit auch viele vom restlichen Sonderkommando unter uns »Normale« gemischt und auf diese Weise haben es auch viele von denen überlebt. Und dann gingen wir zwei, drei Nächte ohne Pause bis zum Lager Blechhammer.

Das waren fast 100 Kilometer, Tag und Nacht, ohne Schlaf?

Tag und Nacht ohne Schlaf. Das ist sehr schwer. Wenn man nicht isst, wenn man nicht schläft, wenn es so kalt ist, wenn da der viele Schnee ist, dann wird man mit der Zeit immer schwächer. Und das ist dann ein Kampf ums Überleben. Er ist schwer zu beschreiben, so ein Kampf. Aber man kann das, wenn man muss. Und dann kam noch diese schreckliche Sache, dass diejenigen, die nicht mehr weitermarschieren konnten, dann, wenn sie ganz zurückblieben, erschossen wurden. Und beim Vorbeigehen sahen wir immer diese offenen Köpfe, aus denen das Gehirn herausgetreten war, ein schrecklicher Anblick. Und da sagte ich diesen paradoxen Satz: »Gott sei Dank, dass mein Vater ins Gas ging.« Wieso konnte ich sagen: Gott sei Dank? Ich wusste genau, wie lange er gelitten hatte in der Gaskammer, das müssen 10 oder 15 Minuten Leiden gewesen sein, bis man vollständig tot war. Aber mir war klar, diesen Transport, den ich jetzt durchmachte, den hätte er mit seinen 50 Jahren nicht überleben können, das hätte er nicht ertragen. Aber was für eine Abwägung! Der eine Tod gegen den anderen, das eine schreckliche Leiden gegen das andere, so dass ich sogar sagte: Gott sei Dank. Vielleicht habe ich mir so die Gedanken über meinen Entschluss, mich damals von meinem Vater zu trennen, leichter machen wollen.

Sie haben erzählt, Sie und Ihre Freunde hätten es vor allem überlebt, weil Sie sich gegenseitig geholfen hätten. Wenn einer nicht mehr konnte, hätten ihn die anderen in die Mitte genommen ...

Ja, das hat uns gerettet. Wir haben uns darauf konzentriert, dass wir Jungs alle durchkamen. Das war etwas, das im Lager sonst nicht vorkam, denn da war ja alles darauf angelegt, dass man ganz alleine war, abgeschnitten von allen anderen. Das war von der Gestapo so arrangiert, um die Menschen zu Krümeln zu machen, sie zu zermürben und zu zerstören, noch bevor man sie verbrannte.

Wann konnten Sie zum ersten Mal schlafen?

Als wir im Lager Blechhammer ankamen, konnten wir zwei, drei Tage ausruhen. Von da ging es dann weiter in einem Zug nach Mauthausen, aber das Ziel wussten wir nicht. Der Zug hatte offene Waggons und Viehwaggons. Da waren die Viehwaggons besser, denn in den offenen Waggons konnte man erfrieren. Der erste Halt des Zugs war noch in Polen, da gab es einen Fliegerangriff, weil neben uns ein Zug mit Soldaten war, die sich unter unserem Zug versteckten. In diesen Viehwaggons gab es so kleine Fensterchen und jeder durfte mal 10 bis 15 Minuten da rausschauen, auch um bessere Luft zu atmen. Und da passierte es, als derjenige, der genau vor mir dran war, mich gerade heranlassen wollte, da wurde er von einem Flugzeug aus erschossen. Das heißt, er war sofort tot und man musste ihn heraustragen. Und dann konnte ich da herausschauen. Bei diesem Angriff wurden einige erschossen. Dann ging es weiter und die nächste Station war schon Mährisch-Ostrau. Das war ein traumartiges Erlebnis, weil es jetzt schon das dritte Mal war: erst von Mährisch-Ostrau nach Theresienstadt, dann von Theresienstadt über Mährisch-Ostrau nach Auschwitz und jetzt wieder von Auschwitz nach Mährisch-Ostrau.

Sie waren damals auch von Theresienstadt über Mährisch-Ostrau nach Auschwitz gekommen?

Ja, denn Mährisch-Ostrau war ein wichtiger Eisenbahnknotenpunkt. Aber das wirkte auf mich ganz merkwürdig. Zwar war ich jetzt wieder da, aber ganz anders, zwischen anderen Menschen. In Mährisch-Ostrau gab es eine Pause und irgendwer von der Ersten Hilfe brachte uns etwas, ich glaube sogar irgendetwas Warmes, ganz wenig, aber die SS hat es zugelassen. Doch die größte Hilfe war, dass die Arbeiter, es war frühmorgens und sie gingen gerade in die Fabriken, uns ihre Pausenbrote herunterwarfen, denn wir standen unter einer Brücke. Das rettete uns. Denn es war eine lange Fahrt nach Mauthausen, die zog sich an die 10 Tage hin.

Bekamen die Arbeiter mit, dass Sie aus Mährisch-Ostrau waren?

Ja, ich rief: »Ich bin aus Mährisch-Ostrau«, und da haben sie noch mehr Brötchen in die Waggons geschmissen. Auf der Weiterfahrt stellte sich dann die Frage: Wie kommen wir an etwas zu trinken? Und da hatte irgendjemand so eine Schnur und daran eine leere Konservendose gebunden und damit von außerhalb des Waggons etwas Schnee hereingeschaufelt. Das haben wir dann schmelzen lassen und getrunken. Das war natürlich alles sehr verschmutzt, aber man konnte es ablecken und dadurch ein bisschen trinken. Auch das hat uns gerettet.

Und dann kamen Sie im KZ Mauthausen an ...

Ja. Mauthausen war eigentlich ein ganz anderes Lager, es war ursprünglich für politische Gefangene gedacht. Doch jetzt war es auch hier schon halbchaotisch. Die Reste von Auschwitz kamen nach Mauthausen, aber auch ungarische Juden, noch aus guten Verhältnissen, Frauen mit Pelzmantel und so. Später war Mauthausen so überfüllt, dass die Züge weitergeschickt wurden, zum Beispiel nach Buchenwald.

Als Sie ankamen, war Mauthausen also schon fast in Auflösung?

Ja, es war schon Chaos und ich erlebte schlimme Dinge. Ich sah die Ungarn, die ankamen und noch so schön angezogen waren mit Ringen, die man ihnen noch nicht weggenommen hatte. Die gaben einen Ring für ein Glas Wasser, so durstig waren die. Und noch ein Bild, das ich nicht vergessen kann: Da gab es Rollwagen, auf denen wurden Container, also Gefäße, in denen man normalerweise Abfall sammelte, transportiert und darin war eine Suppe, also eigentlich nur Wasser mit vielleicht zwei Kartoffeln. Und jetzt fährt dieser Wagen da lang und es rüttelt ein bisschen, so dass diese Wassersuppe raustropft und die Tropfen zusammen mit dem ganzen Schmutz in die Ecke des Rollwagens fließen. Und da kommt ein Häftling mit einem kleinen Gefäß und es gelingt ihm, diese paar Tropfen zu sammeln. Wie gesagt, die Menschen waren so verdurstet, die sammelten auch so dreckige Tropfen. Und da sieht ihn ein SS-Mann und denkt, er stiehlt, und er nimmt ihn und erschießt ihn vor einer Grube. Das ist ein Augenblick, den ich nicht vergessen kann, dass diese dreckigen paar Tropfen ihn das Leben gekostet haben. Es gibt eine Zeichnung von mir, da sieht man eine Suppenverteilung in Mauthausen und oben einen Posten mit einem Maschinengewehr.

Sie haben in Mauthausen die größte Versuchung Ihres Lebens erlebt ...

Das stimmt. Es gab in Mauthausen einen alten tschechischen Häftling, einen Kommunisten, der befreundete sich mit Wolfi, der aus Prag stammte. Also dieser fromme, wirklich sehr orthodoxe Jude und dieser Kommunist wurden Freunde. Er sah in ihm wohl einen anderen Prager Tschechen und wollte ihm helfen. Und er konnte ihm helfen, denn er war schon viele Jahre im Lager und konnte ihm Suppe verschaffen. Dieser Tscheche ließ also die Suppe unter seinem Bett und erklärte dem Wolfi genau, wie er zu einer Zeit, zu der niemand im Block war, sich anschleichen könne, um die Suppe dann zu sich rüberzubringen. Das klingt so einfach, aber das war sehr gefährlich. Denn Gott behüte, jemand hätte ihn gesehen und gesagt: »Du bist ein Dieb!« Schrecklich, was da hätte passieren können! Aber warum erzähle ich jetzt so viel von dieser Suppe? Es war nämlich so, dass manchmal jemand anderes die Suppe, die ja für uns alle war, rüberbringen musste. Und jetzt spreche ich von dieser Versuchung. Wo dieser Tsheche wohnte, das war irgendwie unten, und wenn man von da unten raufging, konnte man die Suppe ja verschütten. Deswegen musste man langsam und vorsichtig gehen. Man hätte jetzt also sagen können, man hätte die Suppe verschüttet, man hätte auch sagen können, jemand hätte einem die Suppe weggenommen. Und deswegen war es die größte Versuchung meines Lebens, als ich mal die Suppe holte, davon etwas zu essen. Man ist so verhungert und man denkt, wenn ich jetzt einen Löffel nehme, wird es niemand bemerken. Aber man weiß genau, wenn man einen solchen Hunger hat, kann man nicht aufhören, dann isst man die ganze Suppe auf. Und man denkt sich dann dafür eine Geschichte aus. Ich erzähle das nur, um zu erklären, was Hunger und was Versuchung ist.

Und haben Sie die Versuchung bestanden?

Mit Ach und Krach, aber ich hab' sie bestanden. Es war eben so, dass Suppe lebensrettend und der Hunger schrecklich war.

Und dann kam Anfang April 1945 der nächste Todesmarsch über 50 Kilometer zum KZ Gunskirchen ...

Ich weiß noch, kurz vor dem Abmarsch mussten wir draußen vor einem Zelt schlafen, weil in dem Zelt war alles matschig und dreckig. Und als ich aufstehen wollte, wurde mir weiß vor Augen, so vollständig erledigt waren wir. Und dann kam dieser letzte Todesmarsch. Wieder wussten wir nicht, wo es hingeht. Wir gingen durch die umgebenden Dörfer von Mauthausen und aus künstlerischer Sicht muss ich sagen, die Gegend war wunderschön und diese Erinnerung ist mir geblieben. Ich war damals angekommen mit dem Zug und man geht herauf und plötzlich: Oh diese wunderbare Luft! Jetzt gingen wir schon an Zivilhäusern vorbei, das heißt, es gab ganz normale Menschen nur um die Ecke.

Und dann gab es da ein Erlebnis, das ich gerne erzähle: Einmal sind wir ganz nah an einem gewöhnlichen Häuschen und ich sehe ein Fenster mit kleinen Vorhängen und im Zimmer einen Tisch und darauf eine Tasse und einen Teller und zwei ältere Personen, die aufstehen und irgendwo anders hingehen. Das war für mich wie ein Traum. Seit über zwei Jahren hatten wir keinen Tisch, keinen Sessel, keine

Tasse gesehen, wir hatten auf der Erde gelebt ohne irgendetwas und da ist plötzlich noch eine normale Welt.

Dann kamen Sie in Gunskirchen an, und wie lange blieben Sie noch dort?

Zwei drei Wochen, aber Gunskirchen, das war das Schlimmste. Es gab so gut wie nichts zu essen. Nachts haben wir manchmal Gras gegessen. Es war fürchterlich. Und da gab es einen Sadisten, er nahm die Laiber Brot, die für uns vorgesehen und sowieso schon in einem schrecklichen Zustand waren, wickelte sie in eine Decke und trampelte darauf herum, bis das ganze Brot in Brösel zertrampelt war. Und wenn jemand Glück hatte, dann bekam er noch ein paar von diesen Bröseln. Es war sehr, sehr schlimm. Außerdem regnete es, es war kalt, man konnte nirgends sitzen und die Leute waren so verlaust. Viele hatten schon Typhus und wir alle wussten, man muss die Läuse vernichten. Wir hatten ja drei Monate lang nicht die Wäsche gewechselt und konnten uns nicht waschen. Dennoch gab es auch da noch Humor bei uns Kindern. Wir töteten die Läuse, wir waren ja schon wirklich perfekt in dieser Kunst. Und wir zählten: Eins, zwei ... 100 ... 120 und dann sagten wir: »Das war's, genug fürs Vaterland gearbeitet, Schluss!«

Und wie war dann die Befreiung?

Wir dachten eigentlich, das sind unsere letzten Lebenstage, denn wir waren vollständig ermattet. Aber plötzlich hieß es am 5. Mai: Die Amerikaner sind da! Da liefen alle hierhin und dahin und einige auch in die Küche, um da noch vielleicht etwas zu essen zu finden. Als ich dort ankam, war das ganze Brot schon verschwunden, so dass meine Beute nur aus einem Margarinewürfel und zwei Stücken Zucker bestand. Aber es stellte sich heraus, dass das Brot noch von der SS vergiftet worden war, um noch ein bisschen zu schaden.

Und wohin gingen Sie dann?

Mein Freund Wolfi und ich, wir waren ja noch Kinder und wir dachten: Wir gehen jetzt in die Schweiz. Da ist das Internationale Komitee vom Roten Kreuz, von da gab es ja Fresspakete, so nannten wir die, mit Schokolade und so. Und von da aus könnte man schreiben und vielleicht auch unsere Eltern suchen. Wir wussten, die Schweiz liegt da irgendwo im Westen, 100 Kilometer weit, oder sogar weiter, das wussten wir nicht genau. Aber die anderen, der Rest der Gefangenen, die überhaupt noch gehen konnten, ging nach Osten, wo wir auch hergekommen waren, nach Wels, so dass diese Stadt überflutet war von all diesen ehemaligen Gefangenen aus Gunskirchen. Und die hatten Typhus und schliefen auf der Straße. Von Osten waren die Russen gekommen und die meinten es gut mit ihnen und hatten nun da eine wunderbare Specksuppe für sie vorbereitet. Doch die Leute starben davon, denn das war für sie zu viel.

Unser Wahnsinn, Richtung Schweiz zu gehen, rettete uns. Richtung Westen ging nämlich außer uns niemand, aber auf diesem Weg trafen wir bald die ersten Amerikaner. Wir hatten das Glück, dass der erste ein Jude war, und wir fragten: »Have you bread?« Aber die hatten kein Brot, weil die Küche erst in zwei Tagen nachkam, dafür gaben sie uns eine kleine Konserve und ein paar Kekse. Und wir dachten: Was ist das schon für einen halb verhungerten Menschen, so eine kleine Konserve! Das war Käse, aber ich konnte keinen Bissen runterbringen – zum Glück! Die Kekse richteten keinen gesundheitlichen Schaden an.

Und was tat dieser Amerikaner dann mit Ihnen beiden?

Er nahm uns mit und wir gingen mit ihm irgendwohin in ein kleines verlassenes Häuschen und da konnten wir die erste Nacht in Freiheit schlafen. Doch dann bekamen wir beide ganz hohes Fieber und ich war ja so klein und wog damals nur wenig über 30 Kilogramm, ich glaube 34 Kilo. Aber da die Kampfhandlungen eingestellt waren, konnte der Soldat sich um uns kümmern und brachte uns ins Zivilspital nach Steyr, wo außer uns keine Häftlinge waren, und sagte mit dem Maschinengewehr in der Hand zu dem Hauptarzt: »Diese zwei Kinder müssen leben!« Und wirklich, die katholischen Schwestern sorgten ganz wunderbar für uns. Wir hatten Flecktyphus und da hat man etwa 10 Tage hohes Fieber. Entweder überlebt man es oder nicht. Wir haben es überlebt und das war unsere Befreiung! Nach 10 Tagen waren wir tatsächlich außer Gefahr und da sah ich zum ersten Mal seit meinem KZ-Leben einen normalen großen Spiegel. Und ich erschrak fürchterlich: Das sollte ich sein? Ich hatte noch ästhetische Gefühle, das war nicht angenehm.

8

»Denn ich wollte nicht, dass es den Nazis gelingt, aus mir einen kleinen Nazi zu machen, einen Menschen, der voller Hass ist.«

Wie lange blieben Sie in dem Spital und wie ging es dann weiter?

Wir blieben etwa zwei Wochen da und dann ging es über Wien nach Prag und zu Premysl Pitter.

Von dieser beeindruckenden Persönlichkeit haben Sie schon am Anfang gesprochen. Es war ja vor allem die ganze Haltung dieses Menschen, die Sie bis heute so tief berührt. Aber er hat auch dafür gesorgt, dass Sie Bildung nachholen konnten. Wem hat er Sie da anvertraut?

Zum Beispiel Emil Vogel. Der war eigentlich als Arzt für alle fünf Schlösser zuständig, in denen Pitter seine Kinderheime unterhielt. Dr. Vogel war noch so einer, der mir ein gewisses Fenster öffnete. Er war sehr intellektuell, war nicht nur Arzt, sondern auch Musiker, und er konnte mich gut verstehen, denn er war auch im KZ gewesen in Lodz. Was er mir erzählte, das war für mich ein großes Erlebnis, weil ich ja bisher keine Ahnung hatte von Kunst. Er erklärte mir, dass all die Künste eigentlich nur eine Kunst sind. Denn hinter allem ist ein Prinzip, irgendwie ein Gesetz. Andere sagen, hinter allem ist die Mathematik. Und auch die haben recht. Ich habe meinen Schülern immer gesagt: Man kann alles lernen, aber es ist immer nur die erste Stufe. Man kann das ABC lernen, aber dadurch wird man noch kein Shakespeare oder Goethe. Dazu braucht man etwas mehr. Eigentlich sollte ich bei Dr. Vogel etwas über Kunstgeschichte lernen, denn ich kannte bisher nur Rembrandt, Käthe Kollwitz und nicht viel mehr. Juden hatten ja nicht in Museen oder Bibliotheken gehen dürfen. Und ich denke, nun erzählt er mir etwas über andere Künstler. Aber jetzt kommt da dieser Dr. Vogel und erzählt mir erst mal etwas über Musik. Ich hatte natürlich auch keine Ahnung von Musik, obwohl ich Musik liebte. Und so erfahre ich etwas über Musiktheorie, dann über Architektur, auch davon hatte ich keine Ahnung, außer dass ich wusste, dass man halt in einem Haus lebt. Und erst zuletzt hat er über Malerei geredet. Viel später habe ich kapiert, dass er wollte, dass ich dadurch eine etwas weitere Bildung bekommen sollte.

Das waren eindrucksvolle Pädagogen. Vor allem H.G. Adler, der auch dort tätig war, hat Sie dann noch in Israel durch viele sehr einfühlsame Briefe fast wie ein Vater mit durchs Leben geführt. Er hat Ihnen auch Empfehlungsbriefe nach Israel mitgegeben, die Ihnen den Einstieg dort sehr erleichterten.

Adler war ursprünglich kein Pädagoge. Er hat das wissenschaftliche Standardwerk über Theresienstadt geschrieben und ist heute als Historiker und Dichter weltweit bekannt. Adler hatte die Aufgabe, die Jugendlichen zu beraten, was sie studieren sollten. Dabei hat er mich kennengelernt und sofort entdeckt, dass ich irgendwie anders bin. Er erkannte mein Talent und sagte: »Du sollst nicht dies und das studieren, du gehst in die Kunst!« Nebenbei hat er mir auch ein bisschen Philosophie beigebracht. Und dann war da übrigens noch Willi Nowak. Das war ein deutscher Antifaschist, der ein berühmter Maler war und den die Nazis in Ruhe gelassen hatten, weil er im Ersten Weltkrieg einen Knieschuss bekommen hatte. Er hatte allerdings wie andere Künstler Malverbot. Und zu dem schickte mich Adler, damit ich da kostenlosen Privatunterricht bekam.

Wie wirkten die schrecklichen Erlebnisse in den KZs in Ihnen nach?

Ich kann mich gut an das erste Begräbnis nach dem Krieg erinnern. Es war in Ostrau. Da war so ein Leichenwagen, sehr schön geschmückt, mit vier oder sogar sechs Pferden, aber nur ein Sarg, ein sehr schön geschmückter Sarg, und dann die Musik. Das konnte ich nicht verstehen. »Nur ein Mann, ein Mensch und dann so viel Tralala«, wie ich damals sagte. Die schrecklichen Erlebnisse von den Massengräbern in Mauthausen und Gunskirchen waren noch so frisch und da sehe ich plötzlich eine fremde Welt. Und auch im Theater war ich so ein Unmensch. Da sah ich die vielen Menschen und habe unwillkürlich irgendwie abgeschätzt, wie lange es dauern würde, die alle zu vergasen, und wie viele Goldzähne bleiben würden und wie viele Säcke mit Haaren.

Wie lange waren Sie dann eigentlich im Kinderheim von Premysl Pitter?

Etwa ein dreiviertel Jahr, viel länger als alle anderen Kinder. Ich wollte nicht so wie andere illegal nach Israel reisen, sondern legal. Und dann kam eines Tages der damalige tschechische Kultusminister und Pitter zeigte ihm alles und sagte: »Der Jehuda hat eine Begabung zum Zeichnen.« Da sagte der: »Dann kann er umsonst studieren und in die Akademie gehen, bis er fertig ist.« Ich wollte vor allem sofort lernen, wollte nur studieren, nichts anderes war für mich wichtig.

Und deswegen war dieses Versprechen schon auch eine wunderbare Sache.

Aber wie ging es dann nach Israel?

Ich wollte ja legal reisen und bekam schließlich ein Zertifikat. Ich war politisch nicht sehr interessiert und so war meine Bedingung nur: »Ihr müsst mir versprechen, dass ich da auch studieren kann!« Da sagten sie ja, und so ging es nach Israel.

Mit dem Flugzeug?

Nein, so einfach ging das damals nicht. Wir fuhren erst mit dem Zug in die Schweiz und wollten von da nach Marseille, aber das ging über Paris und da hatten wir dann erst mal ein paar Tage Aufenthalt. Das war wunderbar, ich konnte den Louvre sehen und vieles mehr. Darf ich Ihnen da noch eine kleine Geschichte erzählen?

Ja, bitte!

Die Kinder, die da mitfuhren, waren irgendwo in einem kleinen Hotel untergebracht. Und irgendwann waren wir auf den Champs-Élysées und wussten nicht mehr, wie wir nach Hause kommen könnten, wir konnten ja kein Französisch. Was macht man? Wir waren noch so halbe Lausbuben in diesem Alter und ich geh' also zu einer sehr elegant und schön angezogenen Dame und sage ihr auf Tschechisch, denn ich denke, tschechisch kann sie bestimmt nicht, so etwas wie: »Du alte Hexe, vielleicht weißt du, wo die Rue du Braie ist.« Sie war überhaupt nicht alt, aber sie antwortete ganz gelassen: »Ja, mein Junge, die ist da und da.« Auf Tschechisch!

Da sind Sie ein bisschen rot angelaufen ...

Ja, ich hab' mich entschuldigt. Sie hat so leicht gelächelt und ging. Das war mir eine Lehre, wir wussten nicht, dass man in Frankreich auch andere Sprachen spricht.

Von Marseille ging es dann mit dem Schiff nach Israel. Wo haben Sie da zuerst gewohnt?

Ich kam mit einer Gruppe nach Israel, die hieß Alia-Jugend, die half den Jugendlichen, meistens Waisenkindern, dass sie zusammen wohnen, sofort Hebräisch lernen und arbeiten konnten, um so auf das Leben im Kibbuz vorbereitet zu sein. Nun hatte ich einige Empfehlungsbriefe dabei an Max Brod und so weiter. Und da sagten sie gleich: »Oh, ein künftiger Maler, der darf nicht mit der Schaufel arbeiten ...«

... sonst bekommt er Schwielen an den Händen ...

Also war meine erste Arbeit, mich um die Blumen im Garten zu kümmern.

Wo lebten Sie da genau?

Von März bis Juni 1946, also bis zum Beginn des Studiums an der Bezalel-Akademie in Jerusalem, wohnte ich in Mikve Israel, einer alten Siedlung in der Nähe von Tel Aviv.

Und wo wohnten Sie in Jerusalem?

Wir durften zu vieren privat wohnen, das war ein riesiges Privileg, weil die Alia-Jugend die jungen Leute ja eigentlich ins Kibbuz bringen wollte. Wir bekamen eine kleine Summe, um das billigste Zimmerchen zu mieten, und dann war das mit dem Essen wahnsinnig schwer, das Stipendium reichte dafür nicht. Man schämte sich ein bisschen, wenn man nichts zu essen hatte, aber ich dachte eben, wie man das in so einem Alter tat: Ich bin ein Hungerkünstler. Ich wollte zeigen: »Es macht mir nichts aus, wenn ich einen Tag nichts esse, wenn ich nur zeichnen und malen kann den ganzen Tag.« Nur weil ich jemanden in einem Kindergarten kannte, konnte ich dann dort mit den Kindern auf einem kleinen Sesselchen sitzen und Pudding essen. In jener Zeit war eben die Situation in Israel sehr schwer.

Mit welchen Familienangehörigen bekamen Sie dann wieder Kontakt?

Mit meiner Schwester Rela in Israel schon sehr bald nach der Befreiung über die Post und dann natürlich auch persönlich, auch mit einem Onkel, aber das war alles am Anfang wahnsinnig schwer, und da gab es auch diese Kluft zwischen uns und denen, die nicht im KZ waren. Meine Schwester lebte auch ganz anders in einem Kibbuz. Ich wollte nie in einem Kibbuz leben. Für sie war das gut. Aber ich wählte einen anderen Weg. Für sie war es auch deswegen schwer, weil sie kein Verständnis für Kunst hatte, sie verstand nicht viel davon. Sie wusste halt, ich lebe in einer anderen Welt. Außerdem ging es den Leuten allgemein nicht gut, heute kann man sich das gar nicht mehr vorstellen. Jerusalem war noch ein Dorf.

Und Sie wollten sofort studieren?

Ja, aber wie sollte ich studieren ohne Geld, ohne nichts. Und da hat Hugo Bergmann geholfen.

H.G. Adler hatte Ihnen ein Empfehlungsschreiben an ihn mitgegeben. Der eine Ersatzvater hatte Sie sozusagen an den anderen Ersatzvater weitergegeben. Hugo Bergmann war ein berühmter Mann, ein Mitschüler und Freund Franz Kafkas, auch befreundet mit Max Brod und Martin Buber, Professor und Präsident der Hebräischen Universität Jerusalem ...

H.G. Adler kannte Hugo Bergmann noch aus dem Prager Kreis von Intellektuellen. Und als ich Hugo Bergmann in Jerusalem zum ersten Mal begegnete, merkte ich, dass wir etwas Gemeinsames hatten, und das meine ich nicht irgendwie hochmütig, denn ich war ja kein Philosoph. Er hatte etwas im besten Sinne sehr typisch Slawisches, also diese slawische Herzensbildung und selbstverständlich auch das jüdische Wissen. Er war befreundet mit Pitter und hatte denselben Geist, dieselbe Liebe. Wenn man mit ihm sprach, dann spürte man sofort, er redet nicht über den Kopf weg, sondern direkt ins Herz und in den Kopf des anderen Menschen. Er konnte ganz da sein für diesen Menschen in dieser Situation, das war sofort ein echter Dialog. Ich habe ihn jahrzehntelang erlebt. Je älter er wurde, desto größer wurde seine Demut, aber nicht irgendwie auf sentimentale Weise.

Erinnern Sie sich noch an eine typische Geschichte?

Ja, ich war noch ganz jung. Hugo Bergmann war als Leiter der jüdischen Delegation nach Indien geschickt worden zu einem wichtigen Kongress über innerasiatische Beziehungen. Damals lebte noch Gandhi. Als er zurückkam, hielt er in der Universität darüber einen öffentlichen Vortrag und er hatte mir gesagt: »Bitte, Jehuda, komme auch!« Ich war schon sehr früh da und sah all die berühmten Menschen aus Jerusalem, die gekommen waren, die Professoren und die Minister. Ich war damals noch sehr scheu, noch ein Kind eben, und setzte mich selbstverständlich ganz zurück in die letzte Reihe. Und jetzt kommt Bergmann rein, es waren nur noch 5 Minuten bis zum Vortrag, und er sieht mich, geht wie im Kino durch alle Reihen, bis er vor mir steht, und fragt mich ganz einfach: »Wie geht es dir, Jehuda, hast du dich schon etwas eingelebt, wie ist es mit dem Zeichnen?« Bespricht mit mir ganz praktische Sachen, geht und gibt den Vortrag. Das hat mich sehr berührt. Auch dass ich kostenlos an der Bezalel-Akademie studieren konnte, hat Hugo Bergmann durchgesetzt. Er hat mir das damals nicht gesagt. Erst 12 Jahre später, als er eine Ausstellung von mir eröffnete, hat er verraten, dass er einige Tage herumgelaufen war, um mir diesen Platz zu sichern.

Wer hat in dieser Anfangszeit in Jerusalem noch einen besonderen Eindruck bei Ihnen hinterlassen?

Zum Beispiel Gershom Scholem, der gescheiteste Mensch, dem ich je begegnet bin, dann David Flusser, der sehr witzig sein konnte. Nach einem Besuch in Prag in der repressiven Stalinzeit erzählte er: In der Tschechei herrscht völlige Freiheit. Wir gingen über die Karlsbrücke in Prag und schimpften auf das Regime. Niemand hat uns auch nur ein Wort gesagt. Allerdings schimpften wir in klassischem Griechisch! Und Leo Kestenberg, ein bedeutender Musikpädagoge und Kulturpolitiker in der Weimarer Republik. Ich traf ihn in Jerusalem, weil ich einen Empfehlungsbrief von Pitter an ihn hatte, der mit ihm befreundet war. Und da setzt sich der alte Herr, noch ganz europäisch gekleidet mit Gamaschen und so, ans Klavier und spielt nur für mich, einen kleinen Niemand, einen Emigranten, im Gedenken an Pitter eine wunderbare Fuge von Bach.

Wer waren Ihre wichtigsten Lehrer an der Bezalel-Akademie?

Da war zum Beispiel Mordechai Ardon, der konnte einem in einer halben Stunde mehr geben als ein gewöhnlicher Lehrer in zwei Wochen, aber nur wenn er inspiriert war. Und ich hatte so eine Nase dafür, wann er inspiriert war. Denn es ist ein großer Unterschied, wenn jemand, der inspiriert ist, etwas erklärt, oder wenn jemand nur etwas erklärt. Und ich machte an der Akademie die Erfahrung, je mehr man weiß, umso mehr weiß man, dass man nicht so viel weiß, und man lernt.

Sie haben dann bald längere Reisen gemacht, Kunstreisen, haben aber auch Jahre zum Malen im Ausland verbracht.

Ich war ein Jahr in Paris, drei Jahre in London, zwei Jahre in New York zum Malen und Lithographieren, aber dann auch noch an anderen Orten.

Wie standen Sie nach Ihren schrecklichen Erfahrungen zu Deutschland und den Deutschen?

Ich versuchte mir da mein eigenes Bild zu machen und ging sehr bald nach Deutschland, weil ich wissen wollte, was ist Dichtung und was ist Wahrheit. Und das hat mir enorm geholfen. Denn ich wollte nicht, dass es den Nazis gelingt, aus mir einen kleinen Nazi zu machen, einen Menschen, der voller Hass ist. Ich bin vielen Menschen in verschiedenen Ländern begegnet und bemerkte, dass es überall wunderbare Menschen gibt, aber auch andere, also nicht die Schönsten und Besten. In Deutschland hatte ich mehr Kontakt mit wirklich wunderbaren Menschen, mit denen wir uns sehr befreundeten. Unsere Kinder wohnten bei denen und ihre Kinder kamen zu uns. Schon sofort nach dem Krieg hatte ich Kontakt mit Deutschen, die zum Studium nach Jerusalem gekommen waren, und wir wurden nach ein paar Monaten die besten Freunde. Man begegnet also immer Menschen, mit denen man eine gemeinsame Sprache hat, das spürt man sofort, und manchmal kann man mit einem so genannten Fremden viel mehr Nähe erleben als mit einem Nachbarn, von dem man dachte, dass man ihn kenne, und der einen dann schrecklich enttäuscht.

Sie waren Zeuge beim Auschwitz-Prozess Mitte der 60er Jahre in Frankfurt. Wie war das für Sie?

Sehr interessant, es hat mir vieles zu denken gegeben. Ich erinnere mich gut, da war dieses Gericht und draußen ging das Leben weiter, Schulklassen kamen für 10 Minuten, um sich das anzusehen, und gingen dann wieder raus. Da ist irgendwie ein Drama und draußen geht man einkaufen in einem riesigen Einkaufszentrum. Das Gericht war wie eine Insel von etwas ganz anderem. Und da dachte ich so bei mir: Um Gottes willen, wer kümmert sich eigentlich noch darum, wer liest das noch, außer schnell mal in den Zeitungen.

Ging man fair mit Ihnen als Zeuge um?

Ja, und ich war, schon im Eichmann-Prozess, aber besonders in Frankfurt, sehr sachlich und ohne Sentimentalitäten. Ich habe genau zur Sache geantwortet, ohne pathetisch zu sein, was ich abscheulich finde. Und, wie gesagt, wenn jemand auch etwas Gutes getan hat, habe ich es betont.

Wie stehen Sie zur Kollektivschuldfrage?

Da gab es den jüdischen Philosophen Abraham Joshua Heschel, der sagte, alle, Juden, Christen, jeder, der den Krieg überlebte, ist schuld. Er meinte damit, dass wir alle eine Verantwortung haben, nicht nur die Schuldigen, auch die ehemaligen Häftlinge. Und dieser Gedanke geht noch tiefer, er weckt das Gewissen, dass die Tatsache, dass wir überhaupt leben, uns zu etwas verpflichtet. Ich möchte das nicht Schuld nennen, aber wir sollten empfindlicher sein, denn wir leben in dieser Zeit, in der das passierte und noch heute passiert. Und das ist auch eine Verantwortung. Wir waren nicht in Syrien, aber wir spüren, wie jetzt Deutschland, eine größere Verantwortung als die anderen. Also wir versuchen, irgendwie etwas Positives zu tun.

Wie ist aus Ihrer Sicht der Umgang mit der Shoah in Deutschland und den anderen betroffenen Ländern?

Ich habe mich sehr dafür interessiert, wie jedes Volk damit umgeht, und das ist ja immer vielfältig. Ich war angenehm überrascht, als ich vor vielen Jahren in Deutschland war, wie viel richtiges gutes Material die Lehrer in der Schule für den Shoah-Unterricht bekommen, so gut war es damals noch nicht einmal in Israel. Österreich ist ein anderes Kapitel. Ich war mal in Gunskirchen und frage da mehrere Menschen, wo das KZ Gunskirchen liegt, niemand weiß es. Erst als ich jemand anderen fragte, wo das *deutsche* KZ sei, da bekam ich Auskunft.

Waren Sie mal in irgendeiner Partei?

Jede Politik ist mir etwas ferne und als Maler kann ich es mir glücklicherweise erlauben, nirgends Mitglied zu sein. Die so genannten Normalen müssen ja mitmachen, auch in anderen Völkern. Wenn jemand leben will, dann muss er irgendein Angestellter sein oder in dieser Partei sein oder in jener, er muss jedenfalls irgendwo Mitglied sein. Ich war niemals ein Mitglied, ich wollte niemals ein Mitglied sein. Nicht rechts, nicht links, nichts. Ich habe mich für all diese Sachen interessiert und die Zeitung gelesen, ich wusste, was los war, aber ich wurde niemals Mitglied. Nur im Künstlerverein war ich mal Mitglied, aber dann ging ich da auch raus.

Was wollen Sie über Ihre jetzige Familie erzählen?

Meine Frau ist im Bereich Literatur an der Universität tätig. Sie ist in Amerika geboren. Ihre Eltern flüchteten aus der Ukraine. Sie ist sehr intellektuell und sehr gescheit, aber ganz anders als ich. Doch sie hatte ein Verständnis und Interesse für Kunst, obwohl sie selber hauptsächlich schrieb. Und dann hatte sie sehr viel Arbeit mit unseren zwei Kindern. Es war ein Schlag für uns beide, dass unsere Kinder krank waren. Und da widmete sie sich ganz der Rettung der Kinder. Und das bedeutete noch einmal, vieles aufzuopfern. Was für normale Menschen ganz einfach ist, war für sie und für mich sehr schwer. Der eine Sohn hat eine Herzerkrankung, kann aber damit jetzt ganz gut leben. Und der andere war sehr zurückgezogen. Bis er sich öffnete, das dauerte. Aber er ist sehr intelligent, hat zwei Magistertitel und heiratet jetzt. So musste ich auch noch zusätzlich mithelfen, indem ich Privatunterricht gab. Denn das klingt so schön: Bezalel-Akademie, aber ein Taxifahrer verdient in Israel mehr als ein Lehrer. Das war also sehr schwer. Ich musste daran denken, dass die Kinder niemanden haben werden, wenn wir nicht mehr da sind, und jetzt schon für sie sorgen. Da hab ich gottlob einen guten Freund, Jens Oertel, gefunden, der mir hilft.

Jens Oertel hat unter anderem Ihre Ausstellung in Würzburg mit vorbereitet und auch dafür gesorgt, dass sich Ihr künstlerischer Nachlass jetzt in wesentlichen Teilen im Museum am Dom in Würzburg befindet ...

Ja, ich habe Jens gesagt: »Es interessiert mich nicht, reich zu werden, ich möchte so leben, dass ich für meine Kinder so viel Sicherheit wie möglich schaffe, weil ich weiß, wie schrecklich schwer es ist, hier zu existieren, wenn man keine wohlhabenden Eltern hat oder gute Beziehungen. Ich will, dass etwas bleibt für die Kinder, weil für die niemand sorgen wird.« Das waren schwere Entschlüsse, ich war nämlich nie sehr praktisch im Leben. Ich kann für zwei Tage praktisch sein oder für die Eröffnung einer Ausstellung, wo ich ein bisschen nett sein muss. Aber wer will denn seine Zeit damit vergeuden, nur nett zu sein. Das war alles sehr schwer.

Und da haben Sie nicht mit dem lieben Gott gehadert?

Oh, (lacht) man muss mit dem lieben Gott hadern! Aber was heißt schon hadern? Ich weiß, letzten Endes hat er Recht und nicht ich. Und wenn etwas nicht in Ordnung ist, dann ist das meine Schuld, mea culpa.

Aber an den Krankheiten der Söhne sind Sie ja nicht schuld ...

Das ist wahr. Aber ich versuche, das von verschiedenen Punkten aus zu betrachten. Von einem höheren metaphysischen Punkt aus gesehen ist das einfach eine Last, die uns gegeben ist. Im tagtäglichen Leben kommt man ja nicht immer dazu, auch mal einen höheren Standpunkt einzunehmen. Da muss man immer wie im Pingpong sofort die Antwort geben. Kinder sind eine Verpflichtung, man muss sie erziehen und man muss sich fragen, was will ein Kind von mir und was kann ich ihm geben. Da gibt es große Probleme, wenn man zum Beispiel Künstler ist und findet, dass die Kunst das Wichtigste für einen ist, aber da sind dann noch Frau und Kinder. Der Künstler hat das Glück und das Recht, nicht so unmittelbar im Leben zu stehen, dagegen ist eine Frau viel mehr mit zwei Füßen auf diesem Boden ...

Jedenfalls Ihre Frau ...

Aber jeder Mensch träumt auch. Wenn jemand Künstler ist, dann hat er so viele Gedanken im Kopf, für die er irgendwie sorgen muss, aber wie soll man das schaffen?

Wie haben Ihre Kinder auf Ihre Erfahrungen mit der Shoah reagiert?

Einer meiner Söhne hatte eine Phase, da verstummte er als Kind, und das Erste, was er dann wieder sagte, war: »Warum wurde der Vater eingesperrt?« Und: »Wie wurden die Menschen verbrannt?« Ich hatte gar nicht direkt mit ihm darüber gesprochen, aber in jener Zeit wurde ich sehr viel ausgefragt, und da hat er wohl so etwas aufgeschnappt.

9

»Jeder Künstler und jeder Mensch betet, wenn er etwas von ganzem Herzen macht.«

Sie signierten viele Ihrer Bilder anfänglich mit Ihrer Häftlingsnummer 168 194. Welche Bedeutung hat die Shoah für Ihre Kunst?

Ich denke eine große Bedeutung. Die Kunst hat mir geholfen, seelisch in Auschwitz und nach Auschwitz zu überleben. Sie sorgte dafür, dass ich nicht verzweifelte und eine Sprache fand, um mich auszudrücken. Die Shoah macht meine Kunst etwas ernster. Ich habe immer schon gefunden, dass die Shoah einen reifer machte. Nach dem Krieg hab' ich gesagt, ich bin zwar 16, aber ich bin gleichzeitig 80 mit diesen Erlebnissen. Damals dachte ich noch, ein Greis mit 80, der hat Lebensweisheit. Ich hatte keine Kindheit, aber anderes habe ich im Überfluss gehabt. Wie bringt man das zusammen in eine Harmonie? Die Kunst hat mir dabei geholfen. Aber andererseits ist Harmonie für die Kunst auch schlecht, denn in dem Moment, wenn man etwas erreicht hat, ist es vorbei. Kunst gibt es nicht ohne irgendeine Spannung.

Können Sie Bilder nennen, die den Einfluss Ihrer Lebensgeschichte besonders zum Ausdruck bringen?

Ein Problem war ja, dass wir plötzlich Waisenkinder waren und als Waisenkind sehnt man sich nach einer Mutter, die behutsam mit einem umgeht. Doch die ist ja weg. Dichterisch gesagt: Jetzt lebe ich in einer Welt, wo das Dach weg ist und alle Winde hereinkommen. Ich habe das mal so ausgedrückt: Ich möchte mein ganzes Talent geben, um noch einmal einen Schabbat-Abend mit meiner ganzen Familie zu haben, und da wusste ich, wie sehr mir die Familie fehlte. Ich habe unendlich viele Variationen des Themas Mutter mit Kind gemalt. Und irgendwann sieht man dann plötzlich, da ist etwas anders, und da spürte ich, ich habe das überwunden. Und dann gibt es da ein Frauenportrait aus dem Jahr 1948, das mir sehr am Herzen liegt, eine Lithographie, auf der ich selber sehen konnte: Ich bin nicht mehr der Leidende, ich habe den Schmerz überwunden.

Sie sind ein bekannter Künstler geworden, Ihre Werke hängen in vielen Museen und Galerien auf der ganzen Welt, bis in jüngste Zeit gibt es Ausstellungen von Ihnen. Was wollen Sie mit Ihrer Kunst bewirken?

Ich würde nicht sagen, ich will etwas bewirken, sondern ich hoffe nur, etwas zu bewirken. Ich will meine Seele zeigen, das heißt, was jemandem passiert, der das durchgemacht hat, was ich durchgemacht habe. Aber ich will dem Ganzen eine positive Richtung geben. Es ist im Grunde dasselbe Problem, das ich ganz grundsätzlich als Überlebender hatte. Was soll ich mit meinem Leben jetzt tun? Die einen wollten studieren, die anderen wollten etwas anderes und ich muss erzählen, das erzählen, was ich erlebt und überwunden habe, weil es auch gut sein könnte für andere Menschen. Aber ich denke nicht an die anderen Menschen, wenn ich, wie man das nennt, etwas schaffe, sondern im Gegenteil. In diesem Moment muss ich alles vergessen, muss nur das Beste von diesem Moment, den ich jetzt erlebe, irgendwie zum Ausdruck bringen. Wenn ich mir das danach näher anschaue, sehe ich so viele Elemente, die mir gar nicht bewusst waren, denn man denkt ja den ganzen Tag, ob man will oder nicht, mit seinem eigenen Kopf an seine eigenen Erlebnisse. Selbstverständlich sehen alle Menschen dieselben Ereignisse, aber jeder von seinem besonderen Standpunkt aus, und ich sehe es noch einmal mit einem anderen Standpunkt, dem des Überlebenden. Im Gegensatz zur politischen Kunst ist echte Kunst wirklich erlebte Kunst und das kann man erkennen. Denn das ist Kunst, die erhebt, wie in der Musik die Matthäus-Passion von Bach.

Würden Sie sagen, dass Sie religiöse Kunst geschaffen haben?

Ich möchte ja niemanden beleidigen oder ausschließen und das Wort Gott ist für die meisten heute ein ungewünschtes Wort. Ich möchte, dass meine Bilder jeden ansprechen, wer immer er ist. Ich erlebe das hier ganz praktisch. Ich habe hier ja Freiwillige, die mir helfen, und die kommen aus ganz unterschiedlichen Gruppen und sagen mir oft gleich zu Anfang: »Jehuda, du sollst wissen, ich bin das und das.« Und dann frage ich sie aus Spaß, ob sie auch Menschen essen würden, alles andere wäre ok. Das macht es dann auch ein bisschen locker.

Was ist Kunst für Sie?

Die Möglichkeit, etwas zum Ausdruck zu bringen, das man sehr schwer mit Worten oder in anderer Weise zeigen kann. Kunst ist nicht das, was man beschreiben kann. Kunst ist etwas darüber hinaus. Ich vergleiche das mit der höchsten Liebe. Liebe ist auch so ein schrecklich abstraktes Wort wie das Wort Gott. Beide werden furchtbar missbraucht. Denn in Wirklichkeit bedeutet Liebe und bedeutet Gott für jeden Menschen etwas ganz anderes. Kunst, Liebe,

Gott, nur wenn man sehr bescheiden ist, oder es wenigstens zu sein versucht, dann sieht man, das ist etwas darüber hinaus und etwas, das alles vereinigt.

Was meinen Sie hier mit Bescheidenheit?

Dass man sich bewusst bleibt, dass man das niemals vollständig wissen kann, dass man das niemals in der Tasche haben kann. Und dieses Bewusstsein müssen wir von Tag zu Tag erneuern.

Das gilt für die Liebe und für Gott?

Das ist eigentlich dasselbe. Als Menschen sehen wir verschiedene Sachen, aber in Wirklichkeit, das heißt in einer höheren Wirklichkeit, verschwinden die Unterschiede. Das ist wie mit den Menschen. Wenn wir ganz tief gehen, dann sehen wir, dass der andere so ist wie ich selbst. Und nur deswegen ist der berühmte Satz möglich: Liebe deinen Nächsten wie dich selbst! Wie soll ich denn den anderen, den ich gar nicht so kenne, wie er ist lieben? Das ist doch eigentlich unmöglich! Aber die meisten zitieren nur diesen halben Satz und so kann man es nicht richtig verstehen. Der ganze Satz klingt anders: Liebe deinen Nächsten wie dich selbst, denn ich bin Gott! Das heißt, nur wenn man an dieses Dreieck glaubt – da ist Gott, der mich erschuf und der auch den anderen erschuf –, dann haben wir eine Gemeinsamkeit, dann kann ich den anderen lieben, dann kann ich den anderen verstehen, weil er ein Geschöpf ist so wie ich. Ich bin Gott, das bedeutet eigentlich: Ich bin die Spitze, die eigentlich den Sinn gibt und die Möglichkeit, dem anderen irgendwie in Liebe und in tiefem Verständnis zu begegnen. Wenn ich den anderen dann so wie mich selbst erlebe, dann ist das ein Moment der Gnade und in diesem Moment kann ich auch das Einmalige in dem, den ich liebe, sehen. Und das wirkt so wie ein Wunder. Das Wunder ist nicht etwas Außergewöhnliches, sondern, dass ich das Tagtägliche als Wunder erleben kann. Plötzlich öffnen sich mir – und ich bin Maler – die Augen. Und die Kunst ist, dass Rembrandt, dass van Gogh mir diese Perspektive zeigen.

Wie zeigen sie das?

Bei van Gogh sieht man plötzlich, zum ersten Mal in der Kunstgeschichte, einen Sessel ganz anders als all die Jahrhunderte zuvor. Er zeigt uns keinen schönen Barocksessel oder einen Rokokosessel, sondern er öffnet uns sozusagen die Augen für die Existenz eines Sessels in seiner kleinen Stube. Das ist eigentlich die Aufgabe von jedem großen Künstler, dass er uns dieselbe Welt zeigt, aber so wie wir sie vorher nicht erlebt haben. Es ist so wie bei einer echten Liebe zwischen Menschen: Plötzlich sieht man, jemand kann auch so sein.

Und Rembrandt?

Rembrandt illustriert die Bibel und zeigt das Überzeitliche, das heißt eigentlich das Göttliche, in einem Bild. Ich erinnere mich an das berühmte Bild »Saul und David«. David spielt Saul auf der Harfe vor. Saul trägt als Zeichen seiner Königswürde einen Turban. Aber der Turban ist groß und schwer, und anstatt Ehre darzustellen, drückt er ihn. Saul hat die Gebote Gottes nicht erfüllt, das heißt, er versündigte sich, er hat seine Pflicht nicht getan und deswegen drückt ihn der Turban. Modern gesagt zeigt das Bild einen zerrissenen Menschen: Die eine Hand liegt schon auf dem Schwert, als wolle er sofort David ermorden, und auf der anderen Seite muss er weinen, denn er hatte ja Depressionen und die Musik rettet ihn. Man sieht den Augenblick des zerrissenen Menschen, er hat auch so einen wahnsinnigen Blick im Auge: Und man spürt die »Doppeltheit« von Mordlust und dem Wissen, das, was David da macht, heilt ihn. Das war die Größe Rembrandts, dass er in seinen besten Bildern das Überzeitliche, das Göttliche durch so eine Situation zeigen konnte.

Was ist das Überzeitliche an diesem Bild?

Dieser Streit in unserer Seele, dass wir dann, wenn wir nicht unsere Pflicht tun, auf gewisse Weise schon innerlich bestraft sind. Und so lange Menschen leben, leben sie in so einem Konflikt. Das ist überzeitlich. Genauso wie beim Jakobssegen von Rembrandt in Kassel.

Die Szene, wo der alte Jakob den jüngeren Enkel Ephraim und nicht den älteren Manasse segnet ...

Man sieht da einen stolzen Joseph, den Adjutanten des Pharao, und der sagt dem alten, blinden, gebückten Vater: »Vater, du irrst dich, dieser ist der Jüngere und jener ist der Ältere.« Und er will ihm die Hände richtig hinschieben. Doch der phantastische biblische Text sagt dann, dass Jakob ihm prophetisch entgegnet: »Ich weiß, mein Sohn, ich weiß, aber dieser wird wichtig sein!« Und man sieht das auch sofort: Der Ephraim sieht begeistert aus und der andere sieht ein bisschen doof aus. Auch diese Szene ist für mich überzeitlich, denn das ist ja nicht nur eine wunderbare biblische Geschichte, sondern genau so ist es, so lange Menschen leben: Der Vater wird alt, er weiß nichts mehr, kennt sich nicht mehr aus, und der stolze Sohn denkt, er weiß es besser. Eine sehr menschliche Situation, die jeden betrifft in einem gewissen Alter. Das war die ungeheure Begabung von Rembrandt, denn dieses Überzeitliche hat er in jedem Bild gefunden.

Rembrandt war noch ein gläubiger Mensch, aber heute ist das ja oft anders ...

Ich glaube, dass auch ein Künstler, der sagt »Ich bin Atheist«, kein Atheist ist, weil Kunst grundsätzlich eigentlich die Türen öffnet für ein Erlebnis im höchsten Sinn, eine transzendentale Erfahrung, meistens ein religiöses Erlebnis. Selbst wenn sie sagen, ich hab' keine Religion, dann ist doch das, was sie schaffen, für mich ein Zeichen von diesem Erlebnis. Es gibt dazu eine schöne Geschichte von Schiller: Da fragt Gott den Dichter: »Wo warst du, als ich die Welt verteilte?« Und der antwortet: »Ich habe in den Himmel geschaut.« Und da antwortet Gott: »Es tut mir sehr leid, ich habe schon alles verteilt, aber wenn du den Blick nach oben wendest, sind meine Fenster für dich immer offen.« Das ist herrlich! Der Künstler hat nichts im Leben, aber er hat das Höchste, denn für ihn ist Gott immer bereit, die Fenster in den Himmel zu öffnen und offen zu halten.

Und das haben Sie als Künstler erlebt?

Ich denke, das ist das Erlebnis von jedem Künstler letzten Endes. Wenn ich wirklich male, ist das ein Gebet. Denn jeder Künstler und jeder Mensch betet, wenn er etwas von ganzem Herzen macht. Jeder Künstler betet durch seine Kunst, auch wenn er es nicht weiß.

Vielleicht malen Sie ja deswegen so gerne Vögel ...

Es gibt eine herrliche indische Geschichte. Da ist ein goldener Vogel, der ganz oben in vollständiger Ruhe lebt, und ein gewöhnlicher Vogel, der ganz neidisch auf den goldenen Vogel ist, denn er möchte auch in der herrlichen Luft ganz oben sitzen und die himmlische Ruhe genießen. Aber sein Blick geht immer wieder hinunter zur Erde auf die Würmer, die er frisst. Sein ganzes Leben lang ist er hin- und hergerissen.

Immer wieder versucht er noch ein paar Meter höher zu kommen, aber dann fällt er wieder zu Boden. Das ist das Leben. Plötzlich gelingt es ihm, für einen Moment neben dem goldenen Vogel zu sitzen, aber wieder fällt er herunter. Doch endlich gelingt es ihm wirklich, neben ihm zu sitzen. Und da bemerkt er, dass es niemals zwei Vögel waren, es war immer nur einer. Das heißt wir leben auf diese Weise in der Spaltung, aber wenn wir etwas tiefer nachdenken, ist da eine Einheit. So verstehe ich es.

Theodor Adorno hat nach dem Krieg gesagt: Nach Auschwitz Gedichte zu schreiben ist barbarisch. Wie sehen Sie das?

Ich denke, das stimmt nicht. Paul Celan hat nach dem Krieg wunderbare Gedichte geschrieben, die Todesfuge zum Beispiel. Allein dieses Zeugnis zeigt schon, wie herrlich, wie tief und ergreifend Gedichte nach Auschwitz sein konnten. Adorno irrt sich da.

Was zeichnet einen guten Künstler aus?

Kopf, Herz und Virtuosität müssen eine Einheit bilden. Wenn man mit einem Bild eine politische Absicht verbindet, ist das für mich eher Plakatkunst, das ist für mich keine echte Kunst. Der gute Künstler ist wie ein Baumstamm, er hat etwas Talent, aber er hat vor allem die Fähigkeit, an die Wurzeln zu gehen und aus den Quellen zu schöpfen, und dadurch hat er eine Beziehung zu allem. Und was ihm dabei passierte, kann er durch sein Talent weitergeben an die Krone. Und die Krone ist in Gottes Hand. Wir Künstler sind nicht die Krone, wir sind nur die Rohre, durch die wir das, was wir aus den Beziehungen und Erfahrungen schöpfen, weitergeben. Deswegen müssen wir sehr bescheiden sein, denn das Beste, was wir tun, kommt nicht nur von uns. Nicht immer macht man es dabei richtig, meistens verpatzt man etwas, aber so lernt man im Leben. Man lernt von dem, was man nicht richtig macht, genauso wie von dem, was man richtig macht. Eine der schwersten Fragen im Leben ist: Wo sind meine Grenzen? Und man braucht eine gewisse Bescheidenheit, um zu sagen: Das ist nichts für mich. Im Leben steht man immer wieder vor der Frage: Ist das wichtiger oder das? Aber von Buber lernte ich, dass man dann sein Herz befragen muss, und wenn man ganz tief in sein Herz schaut, dann ist das wie ein Kompass ...

Und Sie suchen jetzt auch noch?

Ja, ich fühl' mich noch nicht sehr entwickelt.

Sie haben eindrucksvolle Lehrer erlebt und waren selbst sehr gerne Lehrer. Wann ist jemand ein guter Lehrer?

Ein guter Lehrer öffnet mir die Augen für eine neue Möglichkeit, dasselbe von neuem und vielleicht viel tiefer und anders zu erkennen. Und ein guter Lehrer versucht vor allem, einen Dialog mit seinen Studenten zu führen. Und das ist sehr schwer, weil jeder Student einmalig ist, und er muss sich vertiefen in den Schüler, den er jetzt vor den Augen hat, und versuchen, ihm so zu helfen, dass es gut für den Schüler ist und nicht für den Lehrer. Willi Nowak hat mir mal gesagt, die Gefahr von Akademien sei, dass man mit Flügeln und Ideen hereinkommt, und was dann nach ein paar Jahren herauskommt, sind Würstchen von einer Fleischmaschine. Wenn jemand am Ende genauso zeichnet wie sein Lehrer, genauso denkt wie sein Lehrer, dann ist von den eigenen Flügeln und Ideen nichts übrig geblieben.

Und Sie haben versucht, es mit Ihren Schülern anders zu machen ...

Ich hab' ihnen gesagt: »Hör mich an! Gott gab dir zwei Ohren, ins eine Ohr nimm jetzt rein, was ich dir sag', behalt es für fünf Minuten, denk' darüber nach, aber dann frage dich: Ist das gut für mich, was ich da von ihm gehört habe, hat es Sinn für mich?« Und dann sagst du entweder: »Ja, dann behalt es noch ein paar Minuten. Wenn nicht, dann ganz schnell durchs andere Ohr wieder raus.« Das heißt, ich kann ihm etwas sehr Schönes sagen, aber vielleicht hat das für diesen Schüler keinen Sinn. Man soll also als Lehrer die Schüler ermutigen, selbständig zu denken und zu schaffen, und versuchen, alle diese drei Kategorien – Kopf, Herz und Virtuosität – irgendwie zu beleben, das heißt, nicht nur den Kopf, sondern auch das Herz zu bilden. Man kann kein großer Künstler sein ohne Herz, denke ich. Ich meine damit nichts Schmalziges, aber man kann Verständnis für den anderen nicht nur durch den Kopf bekommen, man muss sich so weit wie möglich hineinleben in das, was der andere hat, und ihn schätzen eben als einen anderen Menschen. Es gibt da eine wunderbare Geschichte von Michelangelo: Ein Schüler kommt zu ihm und zeigt ihm seine Arbeit und Michelangelo sagt: »Herrlich! Wunderbar!« Doch plötzlich fängt Michelangelo an zu weinen. Der Schüler fragt: »Was ist los?« Und Michelangelo: »Schau, ich sehe plötzlich, dass dein Bild am Jüngsten Tag ganz weiß sein wird. Denn da nimmt sich dann jeder Künstler seinen Teil und am Schluss bleibt dein Bild vollständig leer.« Was wollte er ihm damit sagen? Das ist alles nur anderen Künstlern nachgemacht, da ist nichts Originales! Das ist ja schrecklich! Und dazu gibt es noch eine herrliche chassidische Geschichte: Rabbi Sussja liegt im Sterben. Da kommen seine Schüler und sagen: »Rabbi Sussja, du warst ja so wie Mose, was weinst du, hast du Angst vor dem Tod?« Und da sagt er: »Ja, aber in jener Welt wird man mich nicht fragen: Warum warst du nicht wie Mose, man wird mich fragen, warum warst du nicht Sussja.« Das ist eigentlich dasselbe, was Michelangelo sagte, nur auf andere Weise. Es ist leicht gesagt, aber sehr schwer, sich zu bemühen, das Einmalige, das jeder Mensch hat, zum Ausdruck zu bringen.

Wer sind Ihre wichtigsten Schüler?

Das möchte ich nicht gerne sagen. Ich denke, ich hab ihnen nur am Anfang vielleicht etwas gegeben, und die haben sich wunderbar weiterentwickelt.

Können Sie spontan ein Werk nennen, das Ihnen besonders gut gelungen ist?

Eine kleine Landschaft, das himmlische Jerusalem. Wir wissen ja von den Geschichten. Abraham saß da, als er noch nicht an einen Gott glaubte, und schaute in den Himmel und da hatte er plötzlich dieses Erlebnis, dass ihn die Sterne ansprachen, und da entdeckte er Gott. Ich denke, Pascal beschrieb ein ähnliches Erlebnis und hat sich die Notiz darüber in seinen Mantel eingenäht ...

Das berühmte Memorial des Pascal: Gott Abrahams, Isaaks und Jakobs, nicht der Gott der Wissenschaftler und Philosophen ...

Ja, er hatte dieses herrliche Erlebnis und wollte es als Zeugnis immer mit sich herumtragen. Und etwas davon kann man in Jerusalem erleben. Wenn man da lange lebt, spürt man diese Beziehung, man ist nicht mehr alleine, man versteht diese nahe Verwandtschaft und jeder junge Künstler spürt: Das sind dieselben Sterne, die Abraham erlebt hat. Etwas davon kann ich jetzt erleben und dadurch kann ich die Dinge anders sehen. Man kann überall auf der Welt gut leben, es gibt schönere Städte als Jerusalem, aber nicht so geistige wie Jerusalem. Jerusalem hat diese Intensität, denn in Jerusalem kann man auf den gewöhnlichen Hügeln und Bergen noch die Fingerabdrücke des lieben Gottes spüren. Man kann überall glücklich sein und nicht so glücklich. Aber in Jerusalem, auch wenn man da scheinbar unglücklich ist, wenn man leidet, so hat es doch einen Sinn. In London kann man sehr glücklich sein, aber es hat keinen Sinn. Damit will ich nur symbolisch andeuten: Man hat da alles, nur nicht diese Essenz, die nur in Jerusalem existiert. In Jerusalem spürt man den Sinn des Lebens.

Das heißt, in Jerusalem ist dieses Fenster für Sie offen?

Richtig, aber es ist nicht immer offen, wir müssen uns da bemühen. Ich habe das übrigens auch mal in Assisi erlebt. Ich war als Student zufällig mit einem Stipendium über Weihnachten dort. Da waren überhaupt keine Touristen, da war nur das Volk und sie beteten. Und da war etwas von dieser Heiligkeit, wie ich es fast nenne, die auch hier in Jerusalem so stark zu spüren ist.

Wodurch haben Sie das damals in Assisi gespürt?

Weil nur das Volk von Assisi da war. Sie beteten und knieten und da habe ich für mich gesagt: Wenn ich kein Jude wäre, würde ich jetzt auch knien, weil das war echt und ergreifend.

Sie spürten da keinen Unterschied zwischen sich und den Christen?

Nein, selbstverständlich nicht, denn das hatte etwas von dem Unendlichen, von dem Transzendenten, von dem Göttlichen, von Jerusalem. Im Moment wo ich aus der Kirche rausging, wirkte die ganze Atmosphäre wieder anders, sehr kühl. Dasselbe passierte mir in Deutschland, als ich den jüdischen Friedhof in Worms fand, da war ich überwältigt. Denn auch da spürt man eine Atmosphäre wie in Jerusalem. Plötzlich sind Tausende von Jahren da, und wenn man wieder rausgeht, ist da eine normale säkulare Stadt.

Von wem haben Sie sich besonders verstanden gefühlt?

Da war zum Beispiel diese Begegnung mit Hugo Bergmann, da gab es etwas, was uns zusammenbindet, dieses innerliche Verstehen, dass wir da eine Liebe zwischen uns spüren. Das heißt, wenn ich in London bin und leide, so wie ein Student leidet, aber ich weiß, in Jerusalem ist einer, für den hat Jerusalem dieselbe Bedeutung wie für mich, das ist Liebe.

10

»Lebe dafür, solange du kannst, bei den anderen noch ein Lächeln zustande zu bringen.«

Was ist für Sie der Mensch?

Ein eigenartiges Experiment. Vor allem ist der Mensch Hoffnung, Hoffnung wie die Jugend auf Besseres, aber auch Hoffnung, dass er vielleicht den Ursprung findet, Gott, dem er nachgebildet ist. Denn dazu ist er geschaffen.

Was antworten Sie, wenn man Sie nach dem Sinn des Lebens fragt?

Es gibt einen Sinn des Lebens, aber in dem Moment, wo wir versuchen, ihn in Worte zu fassen, ist er nicht mehr da. Das ist für mich etwas so Tiefes wie die Nähe Gottes. Wir können uns immer nur annähern, wir haben es niemals, aber wir wissen, wir sind so wie ein Blatt von einem Baum. Einerseits gehören wir zu dem Baum. Andererseits werden wir nie der Baum sein, aber wir haben etwas von seiner Ewigkeit, obwohl wir irgendwann herunterfallen und verwelken. Aber der Baum ist immer da, der Baum des Lebens bleibt.

Wie begegnen Sie Menschen, die am Sinn des Lebens zweifeln?

Ich hatte eine Schülerin, die kam zu mir und sagte: »Mein Arzt hat bei mir einen Tumor gefunden und er sagt, er kann nichts mehr machen, ich habe noch drei Wochen zu leben.« Was kann man da tun? Selbstverständlich kann man noch eine kleine Ausstellung organisieren, um ihr noch eine kleine Freude zu machen. Und ich sagte ihr: »Lebe dafür, solange du kannst, bei den anderen noch ein Lächeln zustande zu bringen.« Das heißt, ihr Hoffnung geben, und selbstverständlich irrten sich die Ärzte und sie lebte noch vierzig Jahre.

Was würden Sie einem Menschen sagen, der zu Ihnen sagt, er sei Atheist?

Da würde ich lächeln ...

Sie würden lächeln?

Ja. Und ich würde sagen: Das denkst du, aber (lacht) ... Menschen sagen auch mal: Ich liebe meine Kinder nicht, das passiert. Das heißt, manchmal sagt man einen ganz großen Blödsinn, aber wenn man nachdenkt, ist das eigentlich so oberflächlich und unwichtig, denn wenn man sieht, was jemand macht und wie er sich benimmt, ist er zehn mal so religiös wie jemand, der sagt, ich bin religiös. Das heißt, wenn er zu mir da sagt, ich bin Atheist, dann ist das eine Verdeckung, vielleicht will er es nicht zeigen, aber man spürt ja, dieser Mensch ist so fein, so gütig, macht so viele gute Sachen. Wenn er mir da sagt, er ist Atheist, dann ist das ja sinnlos, das ist nicht wahr. Weil wenn man nur ein wenig tiefer geht in jedem Gebiet, dann kommt man zum Staunen und man erkennt seine menschlichen Grenzen und seinen eigenen Blödsinn, indem man etwas anderes erkennt. Als Student kannte ich eine andere Studentin, die war in eine ganz schreckliche terroristische Partei eingetreten. Und ich fragte sie: »Könntest du denn morgen auf Befehl einen Menschen erschießen?« Und sie: »Ich hoffe, man wird mich nicht fragen.« Sie war ganz zart, so ganz anders, aber sie ging dennoch da hin. Das ist nur ein Beispiel dafür, dass man mit dem Mund viel sagen kann, aber in Wirklichkeit ist man ja immer noch ein Mensch. Wenn ich also jemanden treffe, ist mir egal, wer er ist, ich schaue, ob er versucht, Mensch zu sein. Und ein guter Pädagoge kann mit dieser im höchsten Sinne messianischen Idee der Menschlichkeit, mit diesem Bazillus jeden infizieren, damit er so weit wie möglich zum Nachdenken kommt. Man kann das auch durch Kunst oder einen schönen Dialog versuchen, wenn man sieht, es hat Sinn. Ich glaube nicht, dass irgendein Jude, irgendein Mensch wirklich Atheist ist. Schauen Sie sich die Kommunisten an, die sich für Stalin aufgeopfert haben. Was ist davon geblieben? Das Nichts, das übliche Nichts, ihre Welt ist zusammengefallen.

Und Sie würden sagen, auch diese Kommunisten haben in Wirklichkeit an Gott geglaubt?

Grundsätzlich ja, denn jeder Mensch hat ja eine Mutter gehabt und das wirkt irgendwie viel tiefer als all diese oberflächlichen Lehren, denn früher oder später erkennt man dann, dass es ein Fehler war. Natürlich gibt es leider auch nicht so gute Mütter, die sich nicht auskennen mit der Erziehung, aber ich meine, weil jeder Mensch dieselbe Erfahrung gemacht hat, geboren zu sein, hat er erlebt, was es heißt, ein Mensch zu werden, und das ist schon mal eine Basis. Was danach durch diese oder jene Erziehung passiert, das sind ja nur Schichten aus verschiedenen Lehren, Kenntnissen und Begegnungen. Das sagte ich ja schon über die Menschen im Lager: Die oberflächlichen Lehren oder die sogenannte Bildung gingen angesichts der Grenzsituation des Todes vor dem Eintritt in die Gaskammer verloren. Was bleibt dann den Menschen?

Wie, denken Sie, kann man religiöse Erfahrung machen?

Da sein, offen sein, soweit wie möglich, soweit wie möglich nicht nur die Ohren, sondern auch die Augen öffnen. Man kann ja unendlich viel sehen, doch was wir sehen, ist oft nur so irgendein Nichts. Erst wenn man ein großes Werk sieht oder hört wie Beethovens *Missa solemnis* oder die *Matthäus-Passion* von Bach, erlebt man, in welchem Zustand man eigentlich ist. Dass so etwas existiert, das ist ja schon eine Vorahnung von Möglichkeiten. Aber es muss gar nicht Musik sein, es kann sein, dass bei einer alltäglichen Begegnung einem plötzlich die Augen geöffnet werden. Und das kommt ja auch im Neuen Testament und im Alten Testament so oft vor. Plötzlich begreift es auch der Esel von Bileam, das ist ein herrliches Beispiel, und er teilt es Bileam mit. Aber auch wenn man es den anderen mitteilt, bleibt man doch selber ein Esel.

Wie ist Ihr Verhältnis zu Gott?

Ach, man macht sich doch immer Vorstellungen, Bilder, aber wir bekommen ja nur Kostproben. Zum Beispiel in einem wunderbaren Konzert, da haben Sie eine Kostprobe, ein Vorgefühl von etwas Unendlichem, davon, was ein Mensch sein kann. Und wenn man von so einem herrlichen Konzert, von einer herrlichen Begegnung zurückkommt, fragt man sich, wer ist man eigentlich! Aber wenn man erlebt hat, dass so etwas existiert, dann gibt einem das viel Unterstützung und dann kann man auch den Studenten beibringen, dass es diese andere Welt gibt, dass es Ohren gibt, die auch anderes hören, und Augen, die auch anderes sehen können. Dieses Sehen ist mir natürlich am nächsten. Und man kann sich Gott auch nähern im Gewissen. Alle Eltern und Erzieher wollen ja den Kindern das Beste weitergeben. Das gelingt keineswegs immer, sondern nur manchmal, aber dann kann man den Kindern eine Vorahnung geben, wenn sie erleben, dass es Vorbilder gibt, und dass diese herrliche Musik existiert, die plötzlich Hirn und Herz öffnet, sonst könnten wir gar nicht existieren.

Aber es könnte doch auch sein, dass jemand diesen Zugang nicht findet?

Es gibt von Kafka die Geschichte »Vor dem Gesetz«. Da steht ein Mann vor einem Tor und will immer da rein, aber der Torhüter lässt ihn nicht. Sein ganzes Leben lang bleibt er vor dem Tor stehen, und als er am Ende im Sterben liegt, schließt der Torhüter das Tor endgültig und sagt: »Schade, ich war nur dazu bestimmt, dir das Tor zu öffnen.« Ein schrecklicher Satz. Und er lässt ihn sterben vor dem Tor. Was bedeutet das? Es gibt Tausende Möglichkeiten, aber vielleicht hätte er einfach besser und tüchtiger sein sollen, vielleicht hätte er mehr drängen sollen. Vielleicht müssen wir Gott mehr drängen, um ihn zu erfahren. Eine andere Geschichte ist vom besten Dichter, den wir hatten, unserem Nobelpreisträger Samuel Agnon, der ein Freund von Kafka war. Er erzählt von einem Mann, der hatte nur einen Mantel und in der Tasche des Mantels hat er ein paar Münzen. Von ferne sieht er einen bekannten blinden Bettler. Soll er nun die Hand aus der Tasche nehmen, in die Kälte und dem Bettler die Münzen geben. Er führt mit sich einen inneren Dialog, und als er bei dem Bettler ankommt, gibt er ihm die Münzen nicht. Und was ist der nächste

Satz: In diesem Moment existierte Gott nicht, er war nur in den Augen des blinden Bettlers. Das ist ein fürchterlicher Satz, denn das ist eigentlich die Frage Gottes durch die Augen des blinden Mannes und der Mensch hat versagt. Es ist die alte Frage Gottes: »Mensch, wo bist du?«

Das erinnert auch sehr ans Neue Testament, wo Jesus sagt: »Was ihr dem geringsten meiner Brüder nicht getan habt, das habt ihr mir nicht getan«. Vieles, was Sie sagen, ist sehr nah am Christlichen, stimmt das?

Ich denke, das ist immer fast dasselbe. Das eine ist, Jesus mit den Augen eines Christen gesehen, das andere ist, Jesus mit den Augen eines Juden gesehen. Für mich ist klar, wir Juden und wir Christen, wir sind eben so geboren. Aber von wem sind wir geboren? Vom selben Gott! Die Probleme gibt es nur, weil wir alle Menschen sind.

Im Neuen Testament steht: »Gott ist die Liebe«. Glauben Sie das auch?

Ja, denn die Liebe ist das Höchste und auch das Weiteste, das heißt, sie ist da und jeder sieht es anders.

Die Liebe ist auch das höchste Abstrakte, wir haben nur eine Vorahnung davon, wir spüren sie nur von Zeit zu Zeit. Liebe, das ist eine Gegenwart, die uns von Zeit zu Zeit geschenkt wird, wie ein Blitz, der uns Licht gibt im Leben. Es heißt immer wieder, wir leben in Dunkelheit und nur von Zeit zu Zeit sehen die Propheten mehr und haben dann einen Blitz nach dem anderen. Und diese Blitze sind ganz verschieden. Der eine sieht es plötzlich in einer wunderbaren Harmonie, der andere sieht es in einer menschlichen Liebe, die in einem bestimmten Moment transzendent wird, und dann erfährt er noch mehr. Man sagt so im Alltag: Wieso ist es möglich, dass dieser Mensch sich in diese schreckliche Frau verliebt hat. Aber er hat da etwas erlebt, was niemand anderer gefunden hat. Liebe ist ein Wunder, das sich plötzlich enthüllt, man kann es nicht wollen, es ist da oder nicht. In dem Moment, in dem man denkt, man hat die Liebe, ist sie schon nicht mehr echt. Es ist nur noch eine Erinnerung an diese Gnade.

Glauben Sie an Wunder?

Wunder ist, dass das Alltägliche sich plötzlich in einem anderen Licht zeigt und sich dadurch öffnet und neu gesehen wird.

Wann haben Sie ein Wunder erlebt?

Ich weiß nicht, das ist sehr schwer zu sagen, ein Wunder kann immer passieren. Es gibt eine chassidische Geschichte, da fragt der Rabbi die vielen Umstehenden: »Wo ist Gott?« Und die Leute: »Was für eine Frage ist das?« Und da antwortet er: »Er ist da, wo wir ihn hereinlassen.« Das ist eine tiefe Wahrheit. Wir leben in einem verblendeten Zustand. Deswegen ist es uns nicht möglich, Gott wirklich und unmittelbar zu sehen, das kann kein Mensch.

Was beten Sie am liebsten?

Das ist manchmal nur irgendwie ein Spruch, manchmal sogar ein Gebet aus dem Gebetbuch, und ich versuche das dann zu verbinden mit den Augen und mit dem Denken. Weil in dem Moment, in dem man betet, ist man ja schon ein bisschen in einem anderen Zustand. Man setzt sich hin, man versucht, sich zu beruhigen, und man versucht, eine Zeile zu lesen. Und da kann dann etwas passieren oder auch nicht. Nicht immer sagt uns diese Zeile etwas, aber die kann uns auch ansprechen und dann entblößt sie ihr Geheimnis. Dann ist sie tief, dann bekommt sie einen anderen Sinn. Dasselbe gibt es ja bei der

Musik. Wir können dieselbe Melodie ganz oft hören, aber plötzlich hab ich sie viel tiefer und viel besser verstanden.

Was ist Ihr Lieblingspsalm?

Das sind viele, das kann ich nicht sagen, aber ich denke, der schon erwähnte 73. Psalm ist für mich sehr stark.

Wie sehen Sie die Zukunft von Religion und Glaube?

Erst in unserer Zeit treffen sich Menschen mit ganz verschiedenem religiösen Hintergrund. Und die Technik kann da sehr viel Gutes tun, indem man sich austauscht und dann überrascht feststellt, der andere hat fast dieselben Gedanken nur in anderem Gewand.

Wie stehen Sie zum jüdischen Glauben, da gibt es ja auch ganz unterschiedliche Richtungen?

Ich habe eine Sympathie für alle, aber ich identifiziere mich nicht mit einer bestimmten Richtung. Im Judentum gibt es so viele Möglichkeiten und ich habe mal geschaut, welche Synagoge mir am sympathischsten ist. Sympathisch ist eigentlich vom religiösen Standpunkt aus nicht das richtige Wort. Denn man betet nicht da, wo es sympathisch ist, sondern wo man irgendeine gute Lehre und Anregung bekommt. Jedenfalls habe ich da bei mir eine Sehnsucht nach der Vergangenheit bemerkt, ich wollte Melodien und Texte hören, die ich irgendwie aus meiner Kindheit kannte. Aber das geht wahrscheinlich allen Menschen so. Jetzt gehe ich in der Regel in die nächste Synagoge, und wenn da etwas ist, das mir nicht gefällt, dann bete ich in meinem Gebetbuch.

Wie stehen Sie zum christlichen Glauben?

Der erste Mensch, bei dem ich sah, das ist einer, der predigt nicht nur »imitatio Christi«, sondern lebt das auch, war Premysl Pitter. Jeder bedürftige Mensch war für ihn ein Kind Gottes. Sein Glaube und sein charismatisches Leben waren für uns Vorbild. Für mich sind Christen und Juden wirklich Brüder, die auf verschiedenen Wegen gehen. Und wenn man tiefer liest, dann spürt man den engen Zusammenhang auch und man versteht, dass sie sich so nahe sind, dass sie sich nicht einmal trennen könnten. Wir haben so viel Gemeinsames und darauf baue ich. Zu den christlichen Kirchen kann ich nur eins sagen: Ich kann mit meinen katholischen und protestantischen Freunden auf derselben Ebene wunderbar zusammen sein. Ich kann sie verstehen, denn wir haben dieselben Gedanken, sie auf ihre Weise, ich auf meine Weise. Denn der Gott ist derselbe, das heißt die Suche nach etwas Höherem, die Sehnsucht nach einer gewissen Ruhe, nicht nach einer menschlichen Ruhe, sondern wo ich mit Goethe zum Augenblicke sagen kann, verweile doch, du bist so schön.

Oder mit Augustinus: »Unruhig ist mein Herz, bis es ruht in Dir«. Und Sie suchen noch?

Jeder Mensch sucht. Solange wir leben, suchen wir.

Psalm 73, den Sie sehr schätzen, spricht vom Leiden, vom Leiden des Gerechten. Sie haben mal gesagt, man könne auch im Leiden Sinn erleben ...

Im Leid ist einem die Frage nach dem Sinn näher. Wenn ein todkranker Mensch weiß, jetzt hat er nur noch sehr wenig Zeit, und wenn er richtig aufrichtig ist mit sich und seiner Situation, dann denkt er anders und tiefer und zieht eine Lebensbilanz. Dabei existiert diese Frage nach dem Sinn ja das ganze Leben hindurch, nur wir laufen davor weg. Das Leiden kann sinnvoll sein, wenn es einen so tief ergriffen hat, dass es bis zu den Wurzeln des Seins geht. Und da kann man ein viel tieferes Verständnis bekommen für den anderen, für den Mitmenschen. Auf diese Weise bringt das Leiden wie ein Katalysator etwas hervor, was man im gewöhnlichen Leben vielleicht erst am Ende des Lebens erreichen kann. Und wenn man es so tief erlebt, dann kann es einen transzendenten Sinn bekommen.

Und kann man auch im Leiden glücklich sein?

Das Wort Glück hat bei jedem, der es benutzt, einen anderen Sinn. Aber was ist wirklich der Sinn von Glück, was gibt einem im höchsten Sinne Glück? Und wieder ist die Antwort: Die Nähe Gottes, denn das ist für mich der Schlüssel zu allem und dieses Glück kann man auch im Leiden erfahren. Das Wissen um Gott, das heißt, das Wissen darum, dass man auch anders leben kann, dass man anders sehen, anders empfinden und als Mensch anders lieben kann, das bringt das Glück. Wir versuchen das ja tagtäglich, versagen aber leider meistens, doch es bleibt eine Möglichkeit. Darum geht es, sonst hat das Leben keinen Sinn. Wenn jemand keine Vorstellung von etwas ganz anderem hätte, dann täte er mir leid. Aber ich glaube, dass das in Wirklichkeit jeder erlebt, auch der ganz Ungebildete. In Polen gab es viele Fälle, wo ganz schlichte Menschen unter Lebensgefahr Juden versteckt haben, da gibt es unglaubliche Geschichten. Woher kommt diese Herzensliebe, die solche Menschen plötzlich ausstrahlen? Diese Menschen haben keine Bildung und keine Erziehung, aber diese Herzensliebe ist plötzlich da. Das macht nachdenklich. Und das erinnert an die Geschichte mit dem Rabbi, der auf die Frage, wo Gott ist, antwortet: Wo man ihn hereinlässt. Diese Menschen taten das nur um Gottes willen, und selbst wenn sie eigentlich nicht viel über Gott wussten, so hatten sie ihn doch im Herzen. Menschen können zu ganz Unterschiedlichem berufen sein, aber alle Menschen sind berufen, Mensch zu sein.

Die Kirche spricht von glücklicher Schuld und meint damit die Schuld Adams, die die Erlösung durch Christus bewirkt hat. Können Sie mit der Vorstellung, dass man auch in der Schuld ein Glück sehen kann, etwas anfangen?

Der Mensch ist nicht nur schön, wir haben auch alle dunkle Seiten. Jeder versucht natürlich seine schöne Seite zu zeigen. Aber man muss um die dunkle Seite wissen, sonst könnten wir ja gar nicht existieren und würden sofort wegfliegen als Engel. Wir müssen im

Leben versuchen, die andere Seite wenigstens etwas zu läutern, besser zu machen, jeder auf seine Weise. Darum geht es. Natürlich kann man auf die eigene Schuld mit Umkehr reagieren und dann kann etwas ganz Positives passieren. Aber wenn man schlimme Erlebnisse im Leben hat, zum Beispiel wenn man jung ist und unter verkrachter Liebe oder so etwas leidet, dann kann man auf die Schuld der anderen auch mit Wut, Hass und Rache reagieren. In Auschwitz hatten wir Kinder uns zum Beispiel noch ganz naiv ausgemalt, was wir mit den Deutschen nach der Befreiung machen würden. Wir kannten ja nur SS-Leute als Deutsche. Ich hatte damals vorgeschlagen, eine Mauer zu bauen und sie alle dahinter verhungern zu lassen. Doch wenn man darüber etwas reifer und tiefer nachdenkt, kann man einen anderen, einen neuen Weg gehen. Bevor wir alle nach Theresienstadt gingen, mussten die älteren Juden in Mährisch-Ostrau, die noch da waren, Schnee schaufeln. Es gab keine bösen Vorfälle, nur dass sie vielleicht mal angeschrien wurden. Mein Vater musste also auch Schnee schaufeln, das war nicht irgendwie gefährlich, aber für jemanden, der nicht mehr so jung war, erniedrigend. Nach dem Krieg komme ich zurück nach Mährisch-Ostrau und sehe dasselbe Bild. Und jetzt sind es deutsche Männer, die Schnee schaufeln müssen und auch nicht besonders nett behandelt wurden. Und jetzt komme ich dahin zwar mit ganz verrückten Erfahrungen von Auschwitz und Mauthausen, aber dennoch als sehr blödes unreifes Kind und sage mir: »Ha! Jetzt kann ich auf den Deutschen einen Stein werfen. Mir, einem KZ'ler – damals konnte man damit protzen –, mir wird da niemand ein Wort sagen, ich kann das einfach tun.« Und ich spielte noch mit dem Gedanken, den Stein zu schmeißen, doch dann dachte ich: Was wird dann sein? Die Asche meines Vaters wird davon nicht auferstehen und dieser Mann ist vielleicht vollständig unschuldig und er wird wütend sein und die Wut an einem anderen auslassen. Das ist der falsche Weg und ich habe den Stein nicht geworfen. Wenn ich jetzt auch hasse, dann hätte Hitler gesiegt, weil er mich dann auch zum Unmensch gemacht hat. Ich habe dann versucht, mich mit meinen beschränkten Talenten, mit Reden, mit Zeichnen, ein wenig auf etwas Positives zu richten und das ist die Richtung der Psalmen, die Richtung auf Gott.

Was denken Sie über Ihre Peiniger in Auschwitz, die Personen, die Sie geschlagen haben?

Es klingt sicher etwas merkwürdig, wenn ich das so sage, aber nach der langen Zeit denke ich, das waren ja etwa 20-jährige junge Leute, die von all dem verdorben waren und unter einem enormen Druck standen. Die wussten, so lange sie dort arbeiteten, mussten sie nicht zum Sterben an die Front. Und es war auch wichtig, dass es immerhin auch einen SS-Mann gab, der zwei Häftlingen half, wegzulaufen, und der dann sein Leben geopfert hat, als er einen dritten mit rausnehmen wollte. Ich habe erlebt, wie er von seinen eigenen SS-Kameraden ermordet wurde.

Was denken Sie von Adolf Hitler?

Ach, wer bin ich, dass ich ... Das war ein Ungeheuer, der hat auch den Deutschen so viel Schlechtes angetan.

Sie haben gesagt, in jedem Menschen ist ein Funke Gottes. Fällt es Ihnen schwer, sich das auch bei Hitler vorzustellen?

Das ist schon eine sehr, sehr spezielle Frage und da muss man sich tief reinbohren und selbstverständlich: Er war auch Mensch. Viele Leute wissen übrigens nicht, dass ein Kriegskamerad von ihm Jude war, und als es schon schlimm wurde, schrieb der ihm einen Brief, er möchte ausreisen und er solle ihm helfen. Und da hat Hitler ihm einen Brief geschrieben und er konnte raus. Sehen Sie, da ist auch etwas von dem Funken geblieben. Er hätte es ja ignorieren können.

Wofür sind Sie dankbar?

Da gibt es ein herrliches kleines Gebet, das man sagen soll, wenn man aufsteht: Modeh Ani, ich danke dir, Gott, dass du mir meine Seele zurückgegeben hast und dass ich dir dienen kann.

Darf ich Sie fragen, was Ihr größter Fehler ist?

Dass ich spüre, ich hab' nicht getan, was ich konnte.

Aber Sie tun doch immer noch so viel ...

Weiß ich nicht. Man muss sich immer entscheiden. Und das ist so schwer, weil man ja immer verschiedene Möglichkeiten hat, und wie weiß ich, dass ich die richtige Wahl traf? Oft weiß ich es erst viel später, oft weiß ich nicht, ob es die richtige war, und so oft versagt man. Das hat wahrscheinlich damit zu tun, dass man, je mehr man weiß, desto mehr Verpflichtung hat. Und das ist so schwer zu verwirklichen. Wie die Chassidim sagen: Man hat gesündigt, ich hab' das und das gemacht, und man nimmt sich vor: Hoffentlich mach ich es morgen besser, das ist ja der Wunsch von uns allen: Hoffentlich mach' ich nicht dieselben Fehler, hoffentlich benehm' ich mich morgen besser.

Aber was sollten Sie besser machen?

Man ist immer schuldig. Schon wenn man sagt, ich hab' etwas Gutes getan, ist man ein Sünder.

Aber Sie tun doch Gutes ...

Man versucht. Aber allein dieser Gedanke, dass ich, dieses große Ego, etwas Gutes getan habe, ist schon eigentlich eine Verführung, wenn ich die mittelalterliche Theologie benütze, etwas Teuflisches, dieses ich hab' es gemacht, ich hab' ihm geholfen, ich hab' das gemacht. Man soll sagen, du schaffst, du gibst mir Kraft, in deine Hände ... das heißt ich geb' die ganze Ehre Gott, nicht mir.

Was ist denn aus Ihrer Sicht Ihre größte Fähigkeit?

Weiß ich nicht, ich weiß nicht.

Was hat Sie so demütig gemacht?

Dass ich schon früh die Grenzen von Wissen und Können verstanden habe.

Sie wirken eigentlich immer ausgeglichen und man erlebt bei Ihnen eine so heitere Seele. Woran liegt das?

Man hat ja nicht 24 Stunden am Tag Freude, man ist auch mal so und so, und wenn einem ein Auto vor der Nase wegfährt, ist man nicht so fröhlich. Aber so ist das Leben. Irgendwann hat man auch das nicht Erfreuliche in sein Leben eingebaut wie einen Baustein, der dazugehört. Es kann ja nicht alles sofort vollkommen sein. Man kann Hunderte Zeichnungen machen, bis man dann endlich sagt, das ist jetzt ein bisschen so, wie ich es mir gewünscht habe.

Warum sind Sie nach all den Erfahrungen nicht verbittert?

Weil das nichts hilft.

Waren Sie denn mal verbittert?

Oh ja, man ist immer von Zeit zu Zeit ein bisschen sauer.

Man werde menschlicher, wenn man erkenne, dass man von Gott herkomme, haben Sie einmal gesagt. Psalm 16, Vers 8 liegt Ihnen besonders am Herzen, zumal Ihre Häftlingsnummer mit 168 beginnt. Er lautet: »Allzeit habe ich Jahwe vor Augen, er steht mir zur Rechten, dass ich nicht wanke«. Was bedeutet das für Sie?

In allem versuchen, Gottes Gegenwart ganz tief zu spüren, aber das gelingt uns Menschen ja nicht immer. Doch von Zeit zu Zeit haben wir die Gnade, so tief zu sehen. Natürlich können wir nicht immer in Ekstase sein und deswegen brauchen wir Vorbilder. Bergmann war zum Beispiel einer von denen, bei denen ich die Gegenwart Gottes erlebt habe, wenn ich sah, wie ehrerbietig und demütig er mit jedem Menschen sprach.

Was ist für Sie das stärkste Bild Ihres Lebens?

Das Selbstportrait Rembrandts im Wallraf-Richartz-Museum in Köln. Es ist eins von seinen letzten Selbstportraits. Man sieht da den alten Rembrandt kurz vor seinem Tod. Man sieht ihn so halb lächeln und man sieht dabei etwas von einem Zahn. Aber in Wahrheit ist es Lächeln und Weinen zugleich. Und oben sieht man noch eine andere Figur angedeutet.

Dadurch wird das Bild zum Dialog. Es ist sofort ein anderes Verhältnis, ob wir alleine sind oder ob da noch jemand ist, der uns vielleicht anschaut. Bei Rembrandt gibt es eben niemals eine glatte Antwort. Und das ist wie mit Gott. Wenn wir sagen: Das ist Gott, dann haben wir nur ein sehr schwaches Abbild von unserem eigenen dummen Kopf. Denn Gott ist unendlich, ewig, transzendent. So ist das.

Sie haben versucht, wie es der Psalm 73 sagt, Zeuge der Nähe Gottes zu sein, die Sie erlebt haben ...

Weit davon entfernt! Aber von Zeit zu Zeit muss sich jeder Mensch besinnen und das ist sehr schwer. Doch wenn man das Glück gehabt hat, Menschen wie Bergmann und Buber als Vorbilder zu haben, dann hat man wenigstens eine Vorahnung davon, was es heißt, Mensch im besten Sinne zu werden.

Was ist das, von dem Sie wollen, dass es von Ihnen bleibt?

Da möchte ich viel bescheidener sein. Ich glaube, in dem Moment, in dem ich arbeite, ist es sehr wichtig, dass ich spüre, dass ich etwas tun kann, dass ich begnadet bin im besten Sinne. Aber was dann passiert, ist eigentlich gleichgültig. Gott behüte, ich will mich nicht mit Cézanne vergleichen, aber der arbeitete, der malte wochenlang, monatelang an den Äpfeln und manchmal kam sein Sohn mit einer Schere und schnitt die Äpfel aus. Das war ihm ganz gleichgültig. Denn für ihn war wichtig, jetzt zu malen. Was damit dann passiert, das ist in Gottes Händen – oder in der Schere von dem Sohn.

Wie möchten Sie sterben?

So, dass ich sagen kann, ich versuchte, etwas zu verwirklichen.

Was werden Sie Gott fragen, wenn Sie im Himmel ankommen?

Oh, erstens bin ich nicht sicher, dass ich da ankomme.

Wollen Sie im Himmel immer noch malen?

Ich denk', ich werde etwas anderes versuchen.

Biographische Notizen zu Jehuda Bacon

28. Juli 1929
Jehuda Bacon wird in Ostrava (Mährisch-Ostrau) in eine traditionelle jüdische Familie geboren

14. März 1939
Ostrava wird von den Deutschen besetzt

17. Oktober 1939
Jüdische Männer werden aus Ostrava zum Bau des Lagers Nisko deportiert

18. September 1942
Deportation der Familie nach Theresienstadt

16. Dezember 1943
Deportation der Familie nach Auschwitz. Jehuda Bacon arbeitet in einem sogenannten Rollwagenkommando. Von Jugendlichen gezogene Pferdewagen transportieren Material innerhalb des Lagers. Dadurch erhält er Einblick in alle Lagerbereiche.

10./11. Juli 1944
Der Vater von Jehuda Bacon wird in der Gaskammer von Auschwitz ermordet, seine Mutter und seine Schwester Hanneh verhungern zwei Wochen vor der Befreiung im Konzentrationslager Stutthof

18. Januar 1945
Beginn des Todesmarsches von Auschwitz zum Konzentrationslager Blechhammer, von dort Transport im Güterwaggon ins Konzentrationslager Mauthausen.

15. April 1945
Todesmarsch vom Konzentrationslager Mauthausen ins Aussenlager Gunskirchen.

5. Mai 1945
Befreiung durch amerikanische Soldaten

Mai 1945 bis März 1946
Aufenthalt im Schlösschen Stirin bei Prag unter der Fürsorge von Premysl Pitter, der noch im Krieg Waisenhäuser gründete. Seine Lehrer dort sind u.a. der Historiker und Schriftsteller H.G. Adler und der Arzt Emil Vogel. Zeichen-Unterricht an der Kunstakademie Prag bei Professor Willi Nowak

März 1946
Emigration über Paris und Marseille nach Israel

Seit Juni 1946
Freundschaft mit Martin Buber, Hugo Bergmann, Leo Kestenberg, Max Brod, Gershom Sholem

1946-1951
Studium an der Bezalel Kunst Akademie in Jerusalem

In den 50er Jahren Studienaufenthalte in Paris, London, New York, Florenz

1959-1994
Professor für Grafik an der Bezalel Kunst Akademie in Jerusalem

1961
Zeuge beim Eichmann-Prozess in Jerusalem

30. Oktober 1964
Zeuge beim Auschwitz-Prozess in Frankfurt

2013
Verleihung des Bundesverdienstkreuzes am Bande der Bundesrepublik Deutschland für seine Verdienste um die deutsch-israelische Versöhnung und den jüdisch-christlichen Dialog

Jehuda Bacon lebt mit seiner Frau Leah in Jerusalem. Er hat mit ihr zwei Söhne und eine Tochter aus erster Ehe.

Ausstellungen (Auswahl):

1954 Nora Gallery, Jerusalem; 1955 Whippmann Gallery, Johannesburg; 1957 Ben Uri Gallery, London; 1964 Bnai Brith, Antwerpen; 1968 Charlottenborg, Kopenhagen; 1968 Informationszentrum für Israel Wien; 1971 Kunstnernes Hus, Oslo; 1971 Scheraga Studios, Stamford; 1972 Galerie Bengtsson, Stockholm; 1973 Galerie Williams, Helsinki; 1973 Princeton University, Princeton; 1978 Westfield College, London; 1978 Mishkan l'Omanut, Ein Harod; 1978 Evangelisches Bildungszentrum München; 1982 Image Gallery, Stockbridge Massachusetts; 1984 Offenes Ohr, Berlin; 1987 Horace Richter Gallery, Jaffo; 1988 Portland City Hall, Portland Oregon; 1995 SOCA Gallery, Auckland; 1999 Studio Osmo Visuri, Helsinki; 2004 Galerie Spectrum, Frankfurt; 2008 Museum am Dom, Würzburg; 2011 Česká Centra, Prag; 2013 Galerie Gabriele Müller, Würzburg; 2015 Schauspielhaus Frankfurt; 2016 KZ-Gedenkstätte Mauthausen.

Publikation:

Jehuda Bacon – Malerei und Grafik
Herausgegeben von Michael Koller und Jürgen Lenssen
Stiftung Kunstsammlung der Diözese Würzburg, 2015

Bibliografische Information der Deutschen Nationalbibliothek

Die Deutsche Nationalbibliothek verzeichnet diese Publikation
in der Deutschen Nationalbibliografie; detaillierte bibliografische
Daten sind im Internet über https://portal.dnb.de abrufbar.

 Verlagsgruppe Random House FSC® N001967

6. Auflage, 2016
Copyright © 2016 Gütersloher Verlagshaus, Gütersloh,
in der Verlagsgruppe Random House GmbH,
Neumarkter Str. 28, 81673 München

Der Verlag weist ausdrücklich darauf hin, dass im Text
enthaltene externe Links vom Verlag nur bis zum Zeitpunkt
der Buchveröffentlichung eingesehen werden konnten.
Auf spätere Veränderungen hat der Verlag keinerlei Einfluss.
Eine Haftung des Verlags ist daher ausgeschlossen.

Umschlagmotiv vorne: © Antonia Lütz
Umschlagmotiv hinten: © Jehuda Bacon, Leihgabe des Künstlers
an Yad Vashem
Druck und Bindung: Friedrich Pustet GmbH & Co. KG, Regensburg
Printed in Germany
ISBN 978-3-579-07089-6

www.gtvh.de